ライトノベル新人賞の獲り方
著 榎本 秋
カバーイラスト はんなり甘味
総合科学出版

はじめに

ライトノベル作家になるためには、各出版社の文庫などのレーベルが主催している新人賞を受賞するのが王道だ。

ここ数年、インターネットでの創作活動で人気を得ると書籍化して出版できたり、インターネット公開作品を見た編集者からスカウトされたりという流れもできつつある。が、インターネットで人気を得るのは難しい。そちらでのデビューを狙うよりは、新人賞を受賞したほうが良いと私は考えている。

そこで、本書では新人賞の仕組みや落選した場合の考え方、そして普段の作品への向かい方まで幅広く紹介させていただいた。まずは本書の内容をご理解いただき、新人賞に応募、一次選考通過→二次選考通過→最終選考常連組とステップアップしてほしい。

はじめの目標は一次選考だ。ここのハードルはとても厳しい。次に、二次選考以上では、キャッチーさ、作家性などが武器として必要になってくる。詳しくは本文をご参照いただきたい。難しいことのように思えるが、コンスタントに執筆、近年の市場をきちんと調査、常日頃から物語のネタはないかと観察、それらを執筆に活かせれば、なにより諦めなければ必ずチャンスが巡ってくる。

諦めないことと、他人のせいにしないこと。ここを守って年に四、五本応募し、それらがすべて一次選考突破するようになれば、あとは「あなたなりの料理法」＝個性をどう作るかだ。

小説に限らず、いろいろな本を読むこともプラスになる。作家志望一年目からたくさん書かないといけないと思う必要はない。まずは物語に使えそうな知識やネタをじっくり貯め、プロットをできるだけ考えてみよう。三、四年目から年に長編三本、五年目から長編六本執筆を目標にし、あとはひたすら書いては応募していく。あわせて、キャッチーさ、時代性などを追求していく。しっかり続けていればどこかで必ずチャンスがくる、というようなロードマップと、実際にどんな勉強をすればいいかを本書には詰め込んでみた。そのうえで、ライトノベルの新人賞を受賞するために必要なことを真正面から扱っている。私は、新人賞を獲ることがゴールだとは思っていない。大事なことはゴールのその先である。受賞し、デビューし、作家としての印税で生活していく。そこまで見据えた作家としての基礎体力を作ってほしいと考えている。

本書はかなり前から刊行したいと思っていたのだが、機会がなく、ようやく出版の日の目を見ることになって嬉しく思う。また、刊行にあたり、これまでの私の講義・講演を弊社スタッフの安達真名・榎本海月・鳥居彩音・槇尾慶祐の協力を得てまとめることができた。

新人賞を受賞し、また一発屋で消えず長く作家でやっていくためにも、一歩一歩地盤を固めてほしいと思う。そのためのファーストステップが本書を読み、自分の状況を理解し、自分に足りないものを考えることである。

現代のライトノベル作家にとって新しい発想、組み合わせ、マーケティングは必須である。書きたいものと読者の欲しがっている、新しい地平。それをうまく両立してほしいと思う。

榎本 秋

【ライトノベル新人賞の獲り方】 目次

目次

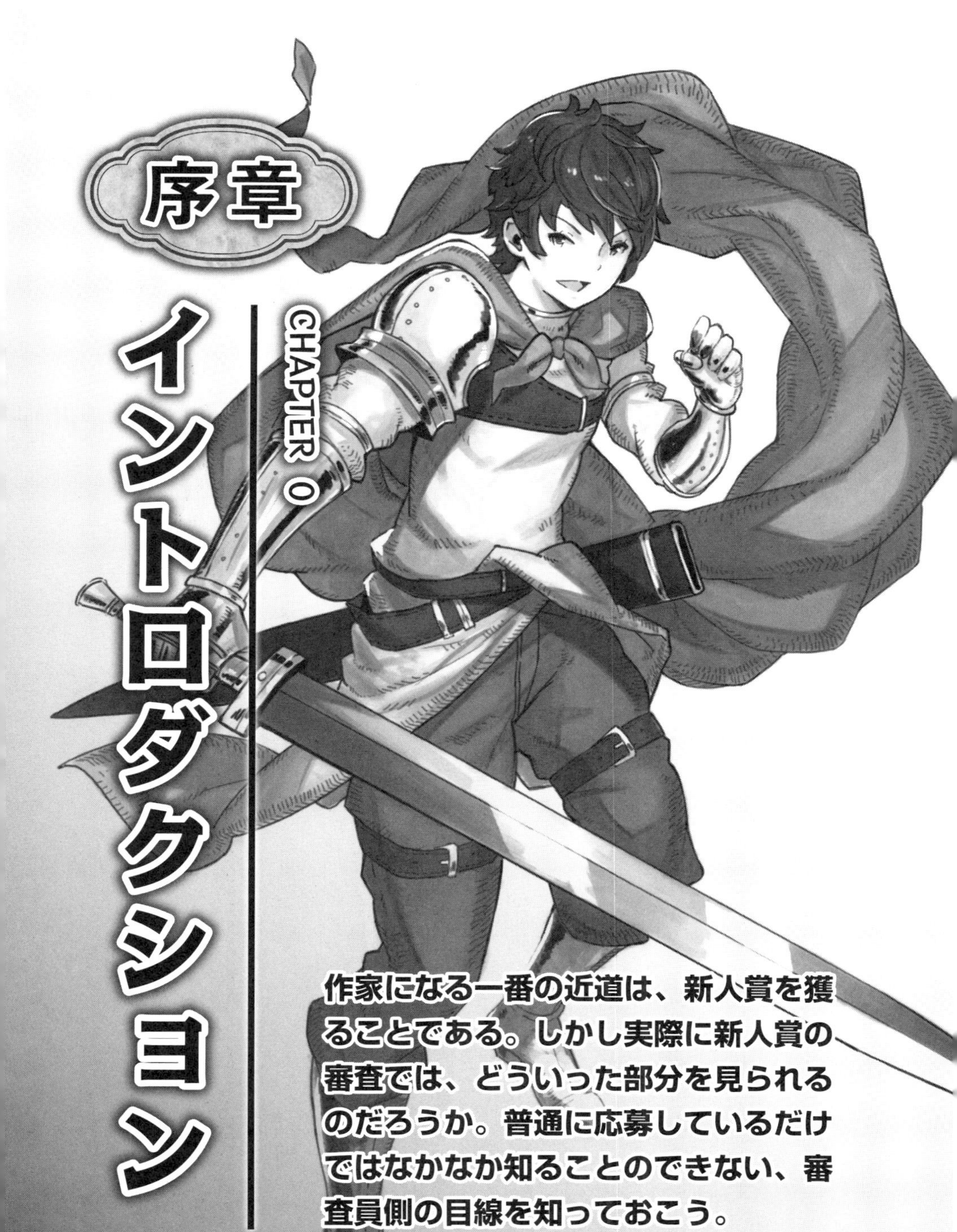

序章

CHAPTER 0

イントロダクション

作家になる一番の近道は、新人賞を獲ることである。しかし実際に新人賞の審査では、どういった部分を見られるのだろうか。普通に応募しているだけではなかなか知ることのできない、審査員側の目線を知っておこう。

ライトノベル作家になるには

＊デビューは難しい

ライトノベル作家になろうと考え、作品を書いたとする。その後、どんなことをすればいいだろうか。せっかく作品を書いたとしても、誰の目にも触れられなければ認められることはない。

こう言うと、自分の作品を出版社へ持ちこもうと考える人がいるかもしれない。だが、**基本的にライトノベルでは漫画のように、作品を出版社に持ち込んで読んでもらうということは行われていない。**持ち込んだとしても門前払いとなってしまう可能性が高い。

というのも、漫画と違って小説は読むのに時間がかかる。慣れている人でも、原稿用紙で三〇〇枚を超えるような長編小説を読むのに二、三時間はかかるだろう。そうなると、それでなくても忙しい編集者は対応が困難になってしまう。

それ以外の方法としては、投稿した小説サイトの作品が編集者の目に留まってデビューできる場合がある。小説サイトで話題になった人気作品が書籍化、というのは最近よく目にするパターンだ。しかし、だからといって「簡単にデビューできる方法」だと思わないように気をつけてほしい。確かに小説サイトは、自分が好きな時に書いて好きな時に投稿することができる。そういった意味ではとても気楽だ。

だが、この世には投稿されている小説が山のようにある。その中でランキングの上位になり続けて、読者からの支持を得て話題となり、編集者に自分の作品を見つけてもらわなければならない。いくら面白い作品だったとしても、狙い通りに編集者に見つけてもらえるかどうかはその時にならないとわからない。ある種のギャンブルともいえる。もちろん自分で宣伝するという手もあるが、それにも限界があるだろう。

また、「自分が好きな時に投稿すればいい」という部分が、ネックになる場合もある。それだといつまでもずるずると書くのを先延ばしにしてしまい、なかなか作品の続きが生み出されないという怠惰な状態に陥ってしまうのだ。編集者に見つけてもらう以前に作品が完成しないのだから、いつまで経ってもデビューすることはできない。

＊新人賞が一番の近道

それではどうすればいいのか。新人賞を受賞することが一番堅実だ。それは新人賞を獲った作品に出版を確約しているレーベル（文庫におけるブランド名のようなもの）が多いからだ。

新人賞を受賞するとレーベルからのバックアップを受けられる。わかりやすいのは「新人賞受賞」といううたい文句でプッシュされることだろうか。新人賞受賞作品をチェックしている読者も多いので大きな効果が見込める。

ただ、新人賞を通過するのは容易いことではない。まず応募期限というものがある。多くのレーベルでは、応募の締め切りの間隔は半年から一年ほど空いている。つまり、「間に合わなくても次の期限まででいいや」と先送りにしていては、デビューも半年以上先になってしまうということだ。もちろんその間に新しく作品を書いて他の新人賞に応募するという手もあるが、その場合は各々のレーベルの色をきちんと把握してそれに合わせた作品を書くという器用さが求められることになる。このレーベルの色については、またのちほど詳しくお話ししよう。

そして応募した後も、何度も行われる選考を生き残らなければならない。自分と同じようにデビューを目指して送られてくる応募作は、何百、何千と存在する。その中で選考委員の目に止まり、最終的に一番や二番に選ばれるような作品を書かなければならないのだ。

そのためにはがむしゃらに頑張るだけではなく、戦略が必要である。これから説明する選考過程を参考に、自分の作品が審査員の目に留まるには何をすればいいのかを考えてみてほしい。

仮に落選してしまったとしても、どの段階で落選したのかで自分の力量を確認しやすい。そういった意味でも新人賞に応募する意義があるのだ。

一次選考

＊狭き関門

ここからは新人賞の選考がどんな仕組みになっているのかを説明していきたい。

選考はいくつかのフェーズに分かれて行われる。

まず一次選考、それから二次選考、最後に最終選考という流れになっている。大きな賞になると、二次選考と最終選考の間に、三次選考や四次選考を行い、作品数を絞ることもある。

本書ではオーソドックスなものとして、一次選考、二次選考、最終選考の各項目を紹介していく。それぞれの段階でどういった部分が注目されているのか、突破するためには何に気をつけたらいいのかを意識しながら見ていこう。

＊最低限の判断基準

一次選考はレーベルの編集者ではなく、フリーの編集者や新人作家などに委託されることが多い。

この選考での判断基準は『小説になっているか』という点である。

応募されてくる作品は日本語で書かれているものなのだから、すべてが小説になっているはず、と思うかもしれない。しかし、作家志望者が書く作品の多くは、小説として満たさなければいけない条件を満たしていない。

例えば、この書き出しを見て何を感じるだろうか。

> 「死ね、ガキ」
> 「嫌だ、死にたくない。死にたくないよ」
> 辺りに真っ赤な花びらが舞う。
> 「何が起きたんだ」
> それは誰も知らない。

これは主人公が少年時代に賊に殺されそうになった時、自分の能力に目覚めて賊を殺したシーンである。ちなみに、作中に「真っ赤な花びら」とあるのは出血を比喩的に表現したものとなっている。指摘はいくらでも出てくるだろう。これだけでは能力が開花したなんて誰にも読み取れないし、最後の台詞はどちらのものかもわからない。そもそもこの二人が何者なのかも把握ができない。

この書き出しは大げさだが、このような書きこみ不足の作品が応募されることは少なくない。それをチェックし、基準を満たした作品を次の選考に残すのが一次選考の役割である。

また、レーベルの方向性と大きくずれていないかもここで確認している。例えば、少年向けライトノベルを扱っているレーベルの新人賞に少女向けライトノベルの特徴を持った作品が送られてくれば、次の選考へ進むのは厳しい。たとえどんなに面白い作品が送られてきても、カテゴリーが間違っていれば出版ができないからだ。

自分の作品がどのような雰囲気なのかを理解する力をつけるためにも、いろいろな作品に目を通し、レーベルごとの方向性を知っておくといいだろう。

気をつけるべきことはこのようにいろいろある。だが、一次選考を通過するために特に重要なのは、作者が小説に対する基礎的な能力を持っているのか、という部分になる。そのため、作品に小説として必要な要素が入っているかどうかがポイントになるわけだ。具体的にどんな要素が必要になるのかは次の項で確認していただきたい。

ただ、一次選考は一人の人間が見ることが多いため相性などの問題で落選してしまうこともある。一回一回の結果にあまり一喜一憂しないことを覚えておこう。

一次選考を突破するために

＊イメージを伝える

小説には大きく四つの要素が存在している。それはストーリー、キャラクター、世界観、テーマである。この四つが読者にきちんと伝わるかどうかが、一次選考を通過できるひとつの基準になる。

どんな世界で、どんなキャラクターが、どのような物語を繰り広げるのかを伝え、それを読んだ人に何を感じてほしいのかを文章で表そう。

まず、**意識してほしいことは相手に自分のイメージが伝わるかどうか**である。作者の中にしかないイメージを読み手に伝えるのはなかなか難しい。

そのためにはまず、わかりやすい文章を書くことを意識してみよう。

主語と述語の関係を整理し、比喩表現の多用も避けるといいかもしれない。「てにをは」にも気をつけてほしいが、いちいち気にしていたら時間がかかってしまう。一度書いた後にその文章を音読し、違和感がないかを確認するといい。それらを実践するだけでもかなりわかりやすい文章になるはずだ。

文章については、のちに8章で詳しく解説する。

＊描写と説明

さらにやれることがある。描写を増やすことを心がけてみよう。ライトノベル作家を志す人の多くはアニメやマンガも好きな人が多いようで、それらの影響を多分に受けているように感じる。

アニメであれば、映像でキャラクターがどう動いているのかを知ることができるし、背景に描かれているものでどんな場所にいるのかもあらかた把握ができる。マンガも同じだ。

しかし、小説はアニメやマンガとは違い、映像やイラストがない。そのため、キャラクターの見た目や動き、彼らが居る場所などを文章で説明するしかない。ライトノベルにも挿絵はつくが、それはあくまで一部だし、どこのシーンになるかはわからない。アニメやマンガで視覚情報になっているものをすべて文章に起こすのだ。


キャラクターであれば、誰が、いつ、何処にいて、どんな理由で、何をやっているのかを書きこもう。


それ以外にもどんな見た目をしているのか、どんな動きをしているのかなども書くと作者のイメージを読者に伝えられるだろう。

もちろん、キャラクターのすべてを描くのは難しい。ほくろの位置や枝毛の本数など、些細な情報まで伝えなくていい。ストーリー上で必要なことと、読者が今知りたいと思われる情報があれば良い。

また、描写だけではなく、説明にも気を配ってほしい。描写は目に見えるものやキャラクターの心情を描き写すことであるが、それだけでは伝わらないこともある。一例として世界の成り立ちや行事や習慣などがそれにあたる。作品の中でこれらが登場するのであれば、どんなものかを解説しなければ自分の作品を伝えることはできない。

かといって説明のし過ぎはくどくなってしまう。さじ加減が難しいところではあるが、うまくバランスを考えてみよう。

二次選考

＊オリジナリティが問われる

一次選考を通過した作品は二次選考に上がる。ここでも選考はフリーの編集者や作家などに委託されることがある。

この選考での判断基準は『楽しんで読める小説になっているか』という点だ。

というのも、一次選考を通過した作品の中には、どこかで見たことがあるような作品も存在している。そのため、ここの選考より先ではオリジナリティがあるのかもチェックされることになる。

オリジナリティとはどこに表れるものか。前項で挙げた世界観、キャラクター、ストーリー、テーマのどれかにあれば良い。かといってオリジナリティが全開の作品は読者がついていけなくなる恐れがあるので、他の部分が土台となってしっかりと補う必要がある。

また、一次選考ではこれらの要素のプラス部分が注目され、嫌われるキャラクターやストーリーの矛盾といったマイナス部分はそれほど見られないことが多い。そのため、ここでマイナス部分が作品にとって致命傷となっていないかどうかの確認も行われる。

つまり、ストーリー、キャラクター、世界観のバランスも求められるようになり、完成度の高さが求められることになる。

＊テーマの重要性

バランスといわれてもピンと来ないかもしれないので、あえてバランスの悪い作品の例を挙げてみよう。

世界観の要素が強くなってしまうと、世界の説明に終始してしまい、設定集のようになってしまう。キャラクターの活躍が見られないだろう。

ストーリーの要素が強ければ、キャラクターの意思ではなくその後の展開のために行動が決まってしまう。読んでいる人間からすると都合のいい展開に見えることが多い。キャラクターに魅力もなくなってしまうだろう。

キャラクターの要素が強過ぎるようなことになれば、その活躍が目立ち、超人のように何でもこなし、起伏のないストーリーとなってしまうかもしれない。逆にキャラクターが大暴れすることによってストーリーが破滅し成立しないこともあり得る（そういった作品は一次選考で落選していることが多いが）。

このようにどれかが突出しすぎると、作品としては面白くなくなってしまう。考えてほしいのは、小説の面白さが何処にあるのかという点である。

私が講師を務めている専門学校の学生たちにこの質問をすると、「世界観、キャラクター、ストーリー」という答えが返ってくることが多い。確かにそれらの要素は大切なものなのだが、実は答えは少し違う。

面白さを見出してほしいのは、これらの三つの要素に加え、テーマに関わる部分だ。**テーマは作者**

がその作品の中で一番伝えたいこと。つまり、一番力を入れる部分になる。そこに面白さが凝縮されているといってもいい。

すぐにそれを見つけることは難しいと思うので、小説を読む中で自分がどこに惹かれているのか、作者の工夫を探していくと、それを見つけるヒントになっていくかもしれない。

二次選考を突破するために

＊実際に読んでもらう

一次選考で気をつけるべきポイントは具体的に示すことができる。が、二次選考ではそうはいかない。世界観、キャラクター、ストーリーのバランスにしても、オリジナリティにしても、作品ごとに違うので、定義というものはない。これらを磨くには、いろいろな作品を読んだり、自ら実作に取り組んでいったりする中で磨いていくしかないだろう。

そうはいっても、面白さを客観的に判断するのは難しいかもしれない。作者自身は面白い作品だと思って書いているだろうし、思い入れもある。

そこで、客観的な判断の仕方を紹介しておきたい。友人に読んでもらうことである。しかし、感想を求める必要はそれほどない。読み手は専門家ではないし、何より作者に気を使って思っていることが言えなくなるかもしれないからだ。

何より、指摘が適切ではない可能性もある。もし改善点を挙げたとしても、それが作者を導くものではない可能性もあるからだ。友人の嗜好に振り回され、修正の結果、何が書きたいのかわからない作品になってしまうこともあり得る。

かといって、無作法に断れば友情にひびが入るかもしれない。助言については、相手の優しさを尊重しながら「直してみる」など前向きに答えておこう。

ではなんのために読んでもらうのか。注目してほしいのは読むスピードだ。その人が早く読めるのであれば、それは作品が面白く、読みやすい文章で書かれていることの証である。

反対に、時間がかかるようであれば、読みにくい文章になっているか、理解しにくいストーリーになっている可能性が高い。そして、楽しんで読むという感覚はそれほどないと考えられるだろう。

時間の目安は面白く読めていれば三、四時間といったところだろうか。それを大幅に超えたりすれば、自分の作品は読む人に面白さを伝えきれていないと判断してもいいだろう。もっとも、時間はあくまで目安なので、本人に、普段文庫を読む時間を聞いておくといいかもしれない。そうすれば、読むスピードがどれだけ変動しているのかがわかるだろう。自分では判断するのが難しければこのような方法で客観的に確認できる。

＊既存作品にアレンジを

友人に読んでもらったところ想定より大幅に時間がかかった。さらに反応もイマイチ。修正が必要になるが、どうすれば面白くなるのかを考えるのはそう簡単ではない。そこで、修正に役立ちそうな方法を紹介しておきたい。

まず、先に述べたようにいろいろな本に目を通してほしい。しかし、ただ読むだけではなく、世界観、キャラクター、ストーリーのバランス、オリジナリティに注意しながら、読書を行ってみよう。

具体的には、描かれている世界観、キャラクター、ストーリーを自分なりにまとめてみるといいだろう。それができたらアレンジにもつなげてみるといい。自分ならこんな風にするというアイディアをいれて、メモを作るのもいい。そうする中で自分にしか作れないもの、自分にしか描けない面白さが見えてくるだろう。

最終選考

＊レーベルカラーを把握する

二次選考、あるいは三次選考を通過した作品は、最終選考が行われる。

この選考にはレーベルにかかわる編集者だけではなく、著名な作家も選考委員を務めることがある。

この選考での判断基準は『商業価値のある小説になっているか』という点になるだろう。

それまでは小説の形になっているのか、面白い小説なのかという点が重視されたが、ここでは売れるか売れないかという点が重要視されることになる。ひいては作品を通して、その書き手が長く作家として活動できるのかも見られることになる。新人賞を受賞した作家が長く活動すれば、それだけレーベルの利益に貢献してもらえるからだ。

つまり、最終選考を通過するには「レーベルらしさ」と「まだ見たことがない」という、一見矛盾した条件が求められることになる。

レーベルらしさを考えるには、ライトノベルを分析するところからはじめてみよう。

例えば、どこを舞台にしているのかという観点で分ければ、学園もの、異世界ファンタジー、現代ファンタジーなどに分けることができる。

他にも、登場するヒロインの性格で分けることができるかもしれない。例えば、ツンデレ、天然などがそれである。そのうえで、主人公とヒロインの関係にも注目してみよう。初めは主人公とヒロインの距離が離れているもの、友達のような関係から始まるものなどいろいろある。このような些細とも思える差がレーベルには存在している。まずはそれを探してもらいたい。いろいろなレーベルの作品を読んで、傾向を見つけよう。

特にレーベルの人気作や過去に新人賞を受賞した作品は参考になるかもしれない。前者はそのレーベルのカラーがよくわかるし、後者は編集者が新人に何を期待しているのかが見えてくる。そのレーベルが、新人賞に応募される作品に求めているものがあるはずだ。それを探してみよう。

そして探すことができたら、自分が書きたいものとのすり合わせを行っていこう。書きたいものと見つけた要素を組み合わせて自分の作品を完成させればいい。こうすればレーベルらしさを自分の作品に取り入れられるだろう。

＊新人賞を行う意味

そのうえで、そのレーベルにはないオリジナリティが求められる。在籍している作家で書ける作品であれば、既存の作家に任せてしまったほうがいい。出版社にしてみれば、わざわざ新人作家の文章力やストーリー構成力を育てる必要もなく、また在籍している作家のほうが当然信頼を置けるので、遥かに楽である。それに新人賞を主催するのにかかる金銭を節約することもできる。新人賞には賞金だけではなく、選考委員へ払う報酬や原稿の管理費用・送料など、多くの諸経費もかかっているからだ。

　そのような費用や手間をかけてまで新しい作家を求めるのは、今までにない作品が欲しいからに他ならない。


作家に求められている仕事は、読者と出版社が求めるものを想像し、形にすることだ。そこに自分が面白いと思うものや書きたいものをミックスさせよう。

審査員の情報

＊審査員は何者なのか

　一次選考を通過するには、実力を上げるしかない。当然、二次選考以降も実力を上げることは必要なのだが、それ以上にどこに向かって実力を伸ばすのかということも考えていく必要性が出てくる。がむしゃらに作品を書いてもいいのだが、それだけでは審査員の目には留まらない。たいていの応募者ががむしゃらに頑張っているからだ。

　選考をする人間の目を引くには、彼らのことをよく知らなければならない。

まず選考を行うのはどのような仕事をしている人たちなのか？　という疑問が浮かぶだろうが、一例を挙げるなら、レーベルとかかわりのある編集者や作家などが任されるケースがある。

編集者というと、大企業の社員をイメージするかもしれない。だが、小さな編集プロダクションに所属する編集者もかなりの数が存在している。そこで働く人たちに委託されることになる。

どんな人物が選考を任されるのか、細かなことはわからないが、いずれにしても小説を読み慣れている人間が選考を担当することは間違いない。仕事、プライベートを問わず、これまでに何千、何万という作品を読んでいる人たちである。小説を見る目は当然厳しい。

しかし、そういった人たちが読むのだから細かなミスも許されない、ということはない。意外かもしれないが、小さなミスには目を瞑られることが多い。それくらいなら後からいくらでも修正できるからだ。

あまりにも誤字が多い、キャラクターやその他の固有名詞などが間違いだらけで続きを読み進められないというところまでいけば別だが、応募する時に「ひとつの誤字も許されない！」などとビクビクする必要はない。

＊平均より突出した部分を

それ以上に彼らが見たいのは、作品の光る部分だ。

生き生きと動くキャラクター、魅力的な世界設定、ハラハラドキドキするストーリーを期待しているのである。世界観、キャラクター、ストーリーのすべてに目新しさはなくてもいいが、どこかに光るものが欲しい。

そのため、**世界観、キャラクター、ストーリーのいずれも六十点の合計一八〇点の作品よりも、世界観、ストーリーは人並み以下の三十点だが、キャラクターは抜群で一二〇点。合計一八〇点の作品のほうが評価はされやすい。**その一二〇点が作者の個性であり、ウリになるのだ。

それらはすべて、作品を通して作者のことを見ているからに他ならない。総合的な点数ではなく、どこが光っているのかを見つけ、育てれば作家として仕事ができそうなのか、今後のレーベルにとって必要な作品を生み出せそうなのかを見ているのである。

落選作品を手直しして応募しない

＊落選した作品はそこまでにして新たな作品を

新人賞を受賞するには作品を応募するしかない。応募を続ければ、落選する機会も必然的に増えるだろう。落選した作品はどう扱っているだろうか。私が会った人の中には、「落選した作品は手直しをしていろいろな賞に応募するようにしています」という人がよくいる。新人賞受賞後に担当編集に落選作品を見てもらい、アドバイスをもらうのは大いにかまわないが、手直しした落選作品で新人賞を狙うのはやめたほうがいい。

落選した作品を手直しして再び別の新人賞に応募することは一見すると効率がよく、上達につながっているように感じるかもしれない。すぐに次の新人賞に応募でき、受賞のチャンスが増えそうな気がするだろう。数を撃てば当たる、というやつだ。

しかし、落選したのには審査員が作品を評価しなかった理由があるはずだ。荒削りでも魅力のある作品であれば審査員は目をつけてくれるはず。落選したということは、世界観、キャラクター、ストーリーのいずれにも「これは！」と思わせるものがなかったということなのだろう。特に二次選考以上での落選となると、基本的な技術は問題ないと判断されているので、必要なのは作家性に絞られてくる。非情だが、その作品には商品とするだけの魅力がなかったということなのだ。

修正によって文章力の上達は期待できるかもしれない。だが、おそらく手直しでは世界観、キャラクター、ストーリーを作り直すことはないと思われる。修正を繰り返してもそれはしょせん小手先ということになる。新人賞を受賞するための力を鍛えることは難しいということだ。楽に新人賞を受賞する術はないのである。

新人賞を突破するためには何度も世界観、キャラクター、ストーリーを作ってほしい。そのためにも、落選した作品はそこまでとして、次の作品の執筆にとりかかろう。その際、なぜ落選してしまったのかをよく考えたうえで、反省点を新作に反映させれば受賞の可能性が上がっていくだろう。そもそも、作家になれば何作も作品を作らなければならない。今からその訓練をしておくべきである。

＊テーマをしっかり据える

テーマについても改めて意識しておきたい。長編小説を読み終わって、ジーンときた、泣きそうになった、あるいは高揚感を感じたことはないだろうか。それらを感じるのは小説のテーマにあなたが心を打たれたからなのだろう。

もし、そう思わせることができれば、「この作者の作品は良い」と思わせることができて、次の作品を書くチャンスにもつながっていく。反対にテーマがあやふやになってしまえば、結局何が言いたいのかわからない作品のまま終わってしまい、次の作品への興味を持ってもらうことは難しい。

テーマを考えるには作品の中で一番言いたいことを整理してみよう。自分でテーマを意識できれば、何を中心に作品を書けばいいのかがわかり、テーマ性のある作品を書きやすくなる。

ただ、テーマ性も書き慣れていないと、意識はできても、相手に伝わらないものになりかねない。何度か作品を書いていく中で、あるいは読んでいく中で、どのようなものにするといいのかを考えていきたい。

大事なこと

＊途中で放り出さない！

作品を書くうえで一番大切なことは、書きあげることである。上手に書く、前回の反省点を生かすなどやってほしいことはいろいろあるのだが、まずは書きあげることを目標に行動しよう。

専門学校で教えていると、急に別の作品を書きだす人がいる。どうしてなのか聞いてみると、「作品を書くのに詰まった」というのがその理由だった。それ以外にも「書いている作品が面白くならない」、「新しい話を思いついてそちらを書きたくなった」など理由はさまざま。一度放り投げた作品を再び書きだすことは稀で、最終的にはお蔵入りになってしまう。それは非常にもったいないことだ。作品の全体のバランスなど、長編小説を書かなければわからない経験を積めなくなるためだ。

ライトノベルを書く時には、世界観、キャラクター、ストーリーのバランスが大切だという話は何度もしている。そのバランスは、こうしたほうがいいということは一概に言えない。それぞれの作品でバランスは変わるためだ。その**バランス感覚を身に着けるには作品を最後まで書くしかない。**

長編と呼ばれる小説はおおよそ原稿用紙三〇〇枚ほどになる。その中にどの情報を、どれくらい書くのか、読んでいる人にどう伝わるのかは実際に書いたり、読み直したりする中で初めてわかってくる。

他にも、話の流れから作品のクライマックスをどうするのかを考えたり、作品を規定のページ枚数に収めたりと、長編を書き上げなければ経験できない課題がある。ぜひとも、一度書き始めた作品は最後まで完成させてほしい。

＊応募規定を守ること

努力の末、作品を完成させたとしよう。完成後、印刷物が部屋の隅でほこりをかぶっていたり、パソコンの中にデータが置きっぱなしになっていたりするだけではもったいない。ぜひとも、どこかの新人賞に送って誰かの目に触れさせてほしい。どうせ新人賞は獲れないから送らない、と考える人もいるかもしれないが、送るのにはいろいろなメリットがある。

まず、応募に慣れておくことだ。投稿にはいくつかの規定があり、レーベルによって微妙に違う。

それらを守らないと規定違反で落選、というのもありえる。可能性が一番高いのは枚数の過不足だ。多少ならお目こぼしをもらえるかもしれないが、既定の枚数から大幅に外れていると、「指定の枚数で書けない作家」と見なされて落選してしまうだろう。レーベルごとに本文文字組の指定も違うので注意したい。

その他にも、必要な情報（プロットや連絡先など）がなかったり、逆に余計なものを添付したりしていると、規定違反とされる場合がある。余計なものとは、本文とは別のキャラクターや世界設定の資料。よかれと思って送っても逆に不利になってしまう。きちんと概要を読み、その通りに応募しよう。

新人賞の中には、一定の選考を通過した作品に対しては編集部や選考委員のコメントや講評を返してくれるところもある。それを目当てに送ってみるのもいいかもしれない。自分の実力を客観的に、しかも実際に選考に関わっている人の目から見た評価を知ることのできる機会は少ないため、いい励みになるだろう。

やってはいけないこと、気をつけたいこと

＊盗作の禁止

新人賞への応募の諸注意に関する話題を出す時、真っ先に紹介しなければいけないのが、盗作であろう。出版されている・いないに関わらず、他者の作品を一部分でも真似して使ってはいけない。

これは著作権の侵害にあたるので、破れば盗作した人間が何らかの責任を負うことになる。

もし出版された本が他の人の作品を真似していることが判明すると、印刷、販売した本は回収しなければならず大きな損失となってしまう。そして、それはすべて出版社の損失となる。

そのような不利益をもたらす作家と付き合っていこうとする会社はないし、場合によっては出版社から作者に損害賠償を求められることにもなりかねない。

これらの行為は出版社のみならず、これまで応援してくれていた読者など、社会的な信頼を失うことにもなる。今の時代、そのような情報はインターネットであっという間に広がってしまうからだ。そうなれば、二度と作家として活動することができなくなる可能性も高い。これまで努力してきたすべてを棒に振ることになりかねないので、絶対にやってはいけない。それだけは覚えておいてほしい。

ただ、「文章が被ってしまわないだろうか」といった点では、それほどまで盗作を心配する必要もない。例えば、「おはよう」など汎用的で、独創性がない文章は使っても問題がない（そこまで縛られたらなにも書けない！）。他の作品を読みながら文章を書くようなことをしなければ、盗作になってしまうことはないだろう。

盗作の説明をされて、絶対にしないと高を括っている人もいるかもしれない。が、アイディアが出なかったり、締め切りに追われたり、追いつめられたりすれば、人間どうなるかはわからない。つらい状況にあっても、絶対にやってはいけないと覚えておいてほしい。

＊二重投稿の禁止

ここで応募の際の諸注意を再度紹介しておきたい。前項で規定違反の話をしたが、他にもやってはいけないことがある。

まず、二重投稿の禁止だ。これは聞き慣れない言葉かもしれない。その意味するところは、同じ作品を複数のレーベルの新人賞に同時に送ることを禁止するものだ。

他にも、まだ結果がでていない作品を別の新人賞に送るのも二重投稿に該当する。一度落選した作品を別の新人賞に送るのは問題ない。ただ、あまりお勧めはしないのは前述したとおり。

どうしてこのような禁止事項があるのか。出版社の立場で考えてみると見えてくる。

仮に複数の新人賞で受賞するようなことがあれば、レーベル同士で揉めることになる。同じ商品を複数の出版社が売るわけにはいかないからだ。受賞後、編集者と修正をするので全く同じ原稿、というわけではないが、抜本的には同作品であることには変わりない。そうなると、出版社同士で作家と作品を奪い合うことになる。

特に数年前まではレーベル内での囲い込みも強かったため、切実な問題だった。レーベルに新しい風を吹かせてもらうために募集しているのに、他のレーベルでも活動されたら本末転倒だからである。

＊社会との接点を大事に！

新人賞を獲り、見事作家デビューを果たした後でも、気をつけなければならないことはある。これは作家を目指すうえでの大事なこととして覚えておいてもらいたい。

作家は人気商売だ。とてつもない大ヒットを飛ばしたのならまた話が変わってくる場合もあるが、大抵の人は人間関係を築く必要がある。作家はフリーであり、自由業なので、人付き合いがきちんとできていなければ仕事がもらえないのだ。

ではどういった部分に気をつければいいのか。具体的には、

・挨拶、お礼をきちんとする
・締め切りを破らない

この二点が特に大事だ。

いきなり怒ったり、理不尽なことを言ったりしてもいけない。こちらが理不尽なことを言われたとしても、冷静に対応しなくてはならない。

また、何かをご馳走になったら、お礼メールを送るのも大事だ。名刺交換をしたら挨拶メールを送るのも良い。

これらは小さなことに見えるかもしれないが、そういったところから人間の印象というのは作られていく。メールを送るにしても、テンプレのような内容ではなく、その日あったことや話した内容について一言添えると印象が良くなる。

それから、作家を目指している間に接客業のバイトをしてみるのもオススメする。接客業をしていると毎日さまざまな人に出会うことになる。世の中にはいろいろな人がおり、自分のルールだけでは成り立たない世界を知ることは勉強になるだろう。

第1章

読者を意識してますか？

CHAPTER 1

「自分が書きたい」から書いているだけでは、プロにはなれない。読み手のことを意識して初めて、プロになる素質があると言える。これからあなたが書こうとしている作品は、どんな読者に向けたものになっているだろう？

読者が読みたい作品

＊小説家になりたいか、小説を書きたいか

ここで一度、本質的な話をしたいと思う。この本の中で紹介しているのは、単に新人賞の受賞だけを目指した話ではなく、プロの商業作家になり年に数冊本を刊行し、ゆくゆくは小説の収入で生活することを目標にしたうえでの作品の作り方だ。

よくいわれる話だが、誰でも生涯に一冊は面白い小説が書けるとされている。しかしながら、作家でやっていくには一冊ではいけない。作家としてやっていくことができるのは、それを読んでくれる読者がいてこそだ。つまり、新人賞の受賞がゴールではなく、その後も読者を惹きつける作品を次々と発表しなければならないのである。

そのためには、

- ・読みやすさ
- ・わかりやすさ
- ・マーケティング（※商品やサービスをより売れるようにする活動のこと）

なども大変重要になってくる。どういった作品を書けばあなたの作品を読者が買ってくれるのかを

考えていこう。

そのためにも、自分がどのようなものにコストをかけているかを思い起こしてみてほしい。または周囲の人たちが好きだと言ったもの、話題になっているものなどをチェックするといいだろう。

＊読者を見据える

作家志望である皆さんには「これが書きたい」、「これが好きなんです」というものが何かはあるだろう。小説を書く時にもその好きなものを作品に取り入れるかもしれない。

それ自体は問題ないのだが、ただ好きなものを追求するだけでは趣味になってしまう可能性がある。作家を目指す以上は読んでくれる人のことまで考えたい。

応募されてくる作品の中には、自分の書きたいものははっきりしているが、読者のことを気にしていない作品がいくつか見受けられる。

例えば、ほのぼのとした、日常を淡々と描いた作品が応募されてくることがある。書きたいものは理解できるし、四コマ漫画などではそのような作品も存在している。だが、活字でその場面を延々と読むのは思いのほかしんどい作業だ。

＊キャラクターと経験

読み手が望むことを想像するには作品をたくさん読むしかないだろう。ただ、それではあまりにも時間がかかる。わかるまで読んでもいいのだが、それまで全く執筆しないのは問題だ。書きながら、読者の求めるものを理解していくしかない。

そのための方法のひとつとして、キャラクターと体験にわけて分析をしてみるといいだろう。

まずはライトノベルではどのようなキャラクターが多いのかを考えてみよう。多いということは、人気がある、または読者のウケがいいということだ。それがわかってくればどんなキャラクターを登場させればいいのかが見えてくる。初めは「ライトノベルにはヒロインが登場する作品が多い」という基本的なことを把握しておけば大丈夫だ。そこから徐々に性格などにも目を向けてみよう。

一方の体験というのはやや範囲が広い。ライトノベルの主人公が何をしているのか、どんな経験をしているのか、どんなシチュエーションがあるのかなどといったものをすべて含めて、体験に分類する。

多くの読者はライトノベルの主人公を通して、その作品の世界を体験することになる。そのため、主人公というのは、読者の非常に近くにいる存在なのだ。つまり、主人公の体験＝事件やイベントを知ることで、読者の望むものが間接的に見えてくるというわけだ。

分析をして、初めのうちは「主人公が活躍する」、「ヒロインを助ける」など大雑把な経験、「主人公の周りが女の子だらけ」といったシチュエーションを考えられれば十分だろう。

慣れてくれば、彼の行動理由にも目を向けてほしい。どうして活躍するに至ったのか、どうしてヒロインを助けることにしたのかを考えてみよう。その行動理由は、読者の願いといっても過言ではない。どんな流れでどんな経験をすることを望むのかを考えてみよう。

このような分析は一度やったらおしまい、というわけではない。読者の嗜好は絶えず変化するため、それも合わせてライトノベルも変化している。そのため、今出版されているものを読まなければ、今読者が求めているものはわからない。今の読者を知るためにたくさんの作品に目を通してもらいたい。

自分が読みたい作品

＊あきらめないことが大事

　前項では読み手を意識した作品を書くことを勧めた。が、これを続けるのはかなり大変な作業になる。全精力を、読み手を意識した作品を書くために充ててしまうと、書く意欲を削がれてしまうこともあるだろう。それはもったいないことだ。

　作家になるためには書き続けることも大切だ。**五年で書くのをやめた人は、六年続けていればプロ作家になれたかもしれない。あきらめてしまえばプロ作家になることはできない。**出版社が見ず知らずのあなたのところに原稿の執筆依頼をしにくることは、現実的に考えて起こり得ないだろう。

　近年、ライトノベルレーベルでデビューする年齢が上がってきているように感じる。レーベルのサイトの中には受賞者の年齢を確認できるものがあるのだが、三十代、四十代でデビューすることも珍しくない。応募者は増加傾向にあるのだが、受賞者数はほぼ一定である。そのため、競争が激化しているのではないだろうか。そのような状況なので、実力を磨くことはもちろん、執筆を続けることが大切になってくる。

　これらのことを踏まえて、書き続けることも意識して作品の制作に臨んでほしい。それには自分が好きなもの、好きなことを書いて、試行錯誤を繰り返しながらも楽しんで続けるのが一番いいだろう。

＊好みとこだわりを自分らしく

自分の好みを作品に入れるメリットはそれだけではない。作品に個性が生まれる点にも言及しておきたい。すべてを自分好みにすればそれは問題かもしれないが、好きな要素が全くないのであればそれはそれで面白味のない作品になってしまう。それに、読者に合わせることばかり考えて作家性が消えてしまうかもしれない。

どこかに作者の好みやこだわりを入れないと、誰にでも書けるような作品になる。そのような作品に読者は惹かれない。似たような作品なら他にもあるからだ。そのため、自分らしさを作品に入れることも大切なことなのである。

自分の嗜好を作品に取り入れるためには、まずは自分が好きなものを考えてみよう。ただし、それをそのまま書くのではなく、読者の読みたいと思うものとすり合わせをしてみよう。

例えば、兵器をたくさん登場させたいと考えたとしよう。戦争を扱い、主人公をその当事者と参戦させれば、いろいろな兵器を登場させることができる。しかし、戦争は男がやるもので、女性は参加しないという現実的な設定を織り込んでしまうとライトノベルっぽくはならない。それではライトノベルを読みたいという読者の希望には添えないものになってしまう。

そこで、主人公の周りに女の子を登場させるにはどうすればいいのかを考えてみるわけだ。衛生兵――医療専門の兵士として登場させたり、女性も戦いに参加させたりするなどいろいろな方法が考えられる。

忘れてはいけないのは、作者自身も読者の一人だということだ。作者が好きなものを、好きだと言ってくれる読者はいるはず。自分が好きなものを相手に伝わるようにライトノベルに落とし込んで、面白い作品を作ってもらいたい。

自分が読みたい作品――その2

＊マイナーな好みを取り入れる

自分の好きなものを書けばいいといったが、その好きなものにファンはいるだろうか。ライトノベルは芸術作品ではない、あくまで商品である。売ることを前提に作られているものなのだ。そのため、**あまりにも支持者がいないものを題材にしたり、要素として取り上げたりするのはお勧めできない。**

例えば、『黙々と虫を踏みつぶす女の子』をかわいいと思う人はいるかもしれないが、読者の多くはそのような女の子に惹かれないだろう。自分が好きだからと押し通してもいいのだが、あまりにもマニアックすぎると読み手がいなくなってしまう可能性がある。それだけは意識しておきたい。

そこで意識するといいのが、『○○ヒロイン』、『△△系ヒロイン』と呼ばれるものだ。ツンデレ、ヤンデレ、クール、など挙げればきりはない。それと似たものに小説のジャンルが存在している。SF、ファンタジーなどいろいろある。

こう呼ばれているのは好きな人がいるからだ。このような分類が存在していれば、買うほうにとっても、売るほうにとっても都合がいい。買うほうにとっては好きな作品を見つけやすくなるし、売るほうにとっては作品のことを端的にわかってもらいやすくなる。

この分類の中に自分の好きなものがあればそれを使って作品を書いていけばいいだろう。もしない場合にはそれらの要素を入れられないかを検討してみよう。ファンになっている人の興味を引きやすくなる。もし、難しそうであれば、自分の好きなものを貫けばいい。ただし、どこかで読者との接点を作ろう。変わったキャラクターを入れたのであれば、そのキャラクターにツッコミする人物を登場させ、読者が思うであろうことを言わせる。そうすれば作品を身近に感じてもらえるだろう。

＊ひとりよがりにならない

自分が書きたい作品を書く時の注意点を記しておきたい。それは説明をきちんとすることだ。当たり前だろうと思うかもしれないが、好きなものだからこその落とし穴が存在している。

人間は好きなものに対しては貪欲になるもので、いろいろな情報を集めて詳しくなったり、関連商品を買い集めたりするものだ。そのため、他の人が知らないことがあったり、持ってないものを持っていたりすることもあるだろう。

その知識をいかんなく書きこんでしまえば、詳しくない人には、何を言っているのかわからないものになってしまう。そうなっては小説の面白さを理解されない。

作品は買う人間を選ぶことはできない。もし「このジャンルに詳しい人だけ読んでください！」などと言ってしまえば、読者の幅を一気に狭めることになる。また、詳しくない人もキャラクターや表紙などに惹かれて買うことがあるだろう。

そのため、**自分が好きなものを作品に入れる時には、説明しすぎだと思うくらいに説明を入れておこう。**それくらいの気持ちでなければ、全く知らない誰かには伝わらない。逆に言えば、全く知らない人にも理解できるように説明することができれば、前知識がなくても楽しんでもらうことができるのだ。

それを踏まえて、自分の書きたいものを書いていこう。誰かに見てもらうことを意識すれば、自ずと説明の仕方も見えてくるはずだ。

＊ハッピーエンドと満足感

また作家志望者の中には、アンハッピーエンドを書きたいと思っている人が珍しくない。確かに、実際にアンハッピーエンドで成功している作家の方はたくさんいる。

しかし私は、**作者志望者でいるうちはハッピーエンドの作品を執筆したほうがいいと思っている。**というのも、読者は作品のキャラクター（特に主人公）に感情移入し、その作品の中での「変化」や「成長」に共感して楽しむからである。

主人公に良いことがあれば一緒に喜ぶし、悲しいことがあれば同じように悲しむ。そして、ハッピーエンドであれば良い気分で読書を終えられる。

だが、アンハッピーエンドはそうはいかない。何故そうなってしまったのか、と読者に考えさせることはできるだろう。しかし、そう思わせるためにはそれなりの筆力が必要であり、読者に共感してもらうのは非常に難しいと考える。何より、読者の大半はハッピーエンドを好むからだ。

デビューし、指名で仕事が来るようになったら、どんな作品を書いてもかまわない。しかし応募作がある程度売れて重版（増刷）し、作家としての人気が安定するまでは、ハッピーエンドが良いだろう。

原稿用紙に換算して三〇〇～五〇〇枚の物語を最後まで読んでくれた読者に、どのような満足感を得てもらうか。まずはそこから考えるべきかと思う。

なお、ベテラン作家の貫井徳郎氏の『灰色の虹』（新潮社）はアンハッピーエンドだが、作品として非常に満足度があった。将来アンハッピーエンドを書きたいと思っている方は、参考に読んでみてほしい。

＊ライトノベルの定義

好きなものを書いていくと、場合によってはライトノベルからずれてしまうことがある。これはライトノベルなのだろうか、と自分で疑問に思った経験がある人もいるかもしれない。

ならば、ライトノベルになるように修正を行えばいい。しかし、ライトノベルらしさとは何だろうか。実のところ、ライトノベルの定義ははっきりと決まっていない。ライトノベルにかかわる人たちが定義づけていたりするが、厳格なものは存在していない。

筆者が定義しているものをまとめてみると、次のようになる。

・マンガやアニメのようなイラストが表紙や挿絵になっているもの。
・特定のレーベルから出版された作品。

・登場人物の魅力が生かされたキャラクター小説であること。
・ファンタジックな要素が用意されている。
・中高生をメインターゲットにしている。

もちろん例外はある。ただ、これらを踏襲した作品が多いということはいえるのではないだろうか。これらの定義から遠く離れるような作品であれば、ライトノベルとは呼べなくなってしまうだろう。

＊中高生の好み

作品を書いてから、これらの要素が入っているのかを確認しても修正は難しい。できれば、作品を書く前の段階で要素が入っているのかを確認したり、意図的にそれらの要素を詰め込んだりしてみるといいかもしれない。

若い時分には、中高生が好むものは何もしなくてもわかる。当然のことながら、中高生である自分自身が好きなものを考えたり、周りの友人たちが好きなものや気にしていることを作品に投影させたりすればいいのだ。

しかし歳を重ねるにつれ、それはわかりにくくなる。学校を卒業して、会社で働きだせば、学校にいる頃とは興味の対象も変わってくる。

そのため、常に今の中高生の嗜好を知る必要がある。といっても、学校に行ったり、中高生に話を聞いたりするタイミングを持っている人はそうはいないだろう。

やってほしいのはライトノベルを読むことだ。**主人公がどんな経験をしているのか、読者はどこに**

惹かれるのかを分析してみると、ライトノベルを通して読者を知ることができるだろう。

このようにして、読者や流行りを知る工夫をしていかなければならない。

もし、この先ライトノベルを読み続けるのが困難になれば、別のジャンルの作品を執筆することも検討していくといいだろう。

同じキャラクター小説としては、時代小説や児童文学、最近ブームになっているラノベ文芸（キャラ文芸）などがある。ライトノベルとの違いを見つける意味でもこれらの作品は読んでおいてもいいだろう。自分が書きやすい環境を模索することも作家に求められる要素になるかもしれない。

＊ネットの力を活用する

ライトノベルを読む以外にも、読者が何に興味を持っているのかを知る方法はある。それは、**インターネットで情報収集をする**ことだ。

これは読者を知るという意味では、ライトノベルで研究するよりもさらに直接的であるといえるだろう。読者が発信している生の声を、そのまま目にすることができるからだ。

近年は若い子がＳＮＳを利用するのが当たり前のようになっており、何気なくツイッターを見ていても、ライトノベルやアニメが好きな中高生のつぶやきを目にすることがある。そういった読者層のつぶやきを見ることで、彼らがどういったものに興味があるのかを知ることができるのだ。

また、**読者によるレビューをチェックする**というのもひとつの手である。

レビューを書き込むことのできる通販サイトや、読書メーターなどのサイトに行けば、ライトノベルを実際に読んだ人による感想や分析などが公開されている。そういったところから情報を得て、どういったものが読者に好まれているのか、逆にあまり好まれていない要素は何なのか、そういったものを研究してみるのだ。

可能であるなら、実際に本を読んだ後でそういったレビューをチェックするのが一番良い。作品を読み、自分なりの感想を抱いたうえで、他の読者がどういった評価を下しているのかを知れば、「やはり他の人もここを好きだと思ったんだな」と理解を深めることができるし、逆に「なるほど、自分はここが好きだったけど気に入らないという人もいるんだな」と、違う角度から作品を読み解くこともできるからだ。

しかし、他者の好みを知るという意味ではレビューを眺めるだけでも充分に参考になるものはあるだろう。当たり前のように誰でもネットを利用するような便利な世の中だ、その力は存分に活用していきたいところである。

ジャンルを考えてみる

＊ジャンルとは

自分の書きたいものと、読者が読みたいものの擦り合わせができてきたら、次は作品の『ジャンル』について考えてみよう。

ジャンルというのはミステリーやファンタジーなど、小説の特色を示すものである。

ライトノベルはそれ自体が『ライトノベル』というジャンルであるともいえるが、細かく分けることもできる。ミステリー、異世界ファンタジー、現代ファンタジーなどといったものだ。そして、いずれのジャンルにもある程度、それを好む読者がいる。もちろん人数の多いや少ないはある。好む人があまりに少ないものはジャンルとは呼ばれないものだ。

ジャンルのおかげで読み手は本を探しやすくなる、一方の書き手も作品を提供しやすくなる、とメリットがいくつかある。

小説を書き始めのうちは、特にジャンルを意識せずに書いているという場合も多い。しかし、**少しジャンルを意識してみることによって、自分の作品の方向性が見えてきやすくなる。**書き慣れてきたら、ジャンルを意識してみるようにしよう。自分の書いた作品は、どこに属しているだろうかということを考えてみるのだ。

＊ジャンルの特色を分析する

まずはどのようなジャンルがあるのかを調べてみよう。とりあえず、インターネットの情報を頼りにすればいいだろう。その後で、各ジャンルの代表的な作品などに目を通しておくといい。もちろん、ライトノベルであればそれにこしたことはないが、ライトノベルではない作品でもいいので読んでみよう。

当然ジャンルの面白さを分析してみてほしいのだが、ジャンルの作品を一冊読んだだけでは、その小説の面白さとごちゃまぜになってしまう。ジャンルの面白さにまではつながらないかもしれない。大変だとは思うが、各ジャンルの作品を何冊か読んでみる必要がある。フルーツがどんなものか知

ライトノベルのジャンル例

ファンタジー	
異世界ファンタジー	異世界を舞台にしたファンタジー。その中でも西洋風、中華風、和風などさまざまな雰囲気に分岐する。
現代ファンタジー	現代日本を舞台に、異能力や異生物などのファンタジー要素を取り入れた作品。
ダークファンタジー	重苦しい世界観や悲劇的な展開が繰り広げられるファンタジー。
サイエンスファンタジー	SFの要素とファンタジーの世界観を融合させた作品。
ミステリー	
ミステリー	事件の謎を解いていくことを軸として物語が展開していく作品。
キャラクターミステリー	個性的なキャラクターが事件に関わっていく、ライトなミステリー。
現代もの	
学園もの	学園を舞台に、日常のドタバタなどを描いた作品。
ラブコメ	男主人公とそれを取り囲む少女たちが繰り広げる恋愛メインのコメディ。
青春もの	人間関係やキャラクターの成長に重点を置き、日常生活や小さな事件の中での内面描写を丁寧に描く作品。

りたいのに、りんごしか食べなければ、りんごのことしかわからない。フルーツが何かはバナナやみかんなども食べなければわからないのと同じ道理である。

いろいろなジャンルの作品を読む中で、自分のお気に入りのジャンルも探ってみよう。専門学校での講師経験からの印象だが、好きなジャンルの作品はよく読むためかその作品を上手に書ける人が多いように感じる。逆に興味のないジャンルは読まないし書けない、という人もそれなりにいる。

プロ作家としてやっていきたいのであれば、好きなジャンルのみで仕事ができるわけではない。なるべく好き嫌いせずに幅広く読んでみよう。

それぞれのジャンルを何冊か読んだら、ジャンルごとの特色を考えてみよう。**何が読者を引きつけるのか、ジャンルとしての面白さは何か、そのジャンルの作品に必要なものは何かを分析**してみてほしい。そうすれば、自分の書く小説に、そのジャンルのエッセンスを生かすことができるだろう。

年齢と興味

＊時代性と読者対象の興味

ライトノベルでは時代性というものも重要視される。**今の時代らしさが出ているのか、という点も選考で見られることがある**のだ。

例えば、「スクールカースト」という言葉は近年叫ばれるようになった。これは生徒の間にある序列のようなもので、生徒同士のふれあいを無意識のうちに制限してしまう見えない壁である。そのような雰囲気は昔からあったのだが、この言葉が登場し、広く認識されたのは比較的最近のことだ。

ライトノベルの中でも、直接このワードが出ていないが、雰囲気を伝えるものは存在する。今ならではの話題を出すことがライトノベルでは大切となる。作中で主人公が抱える悩みや喜びを読者が自分のこととして受け入れられるからだ。

そのため、自分の作品の読者になりそうな年齢の興味は追いかけるようにしておきたい。

「恋愛」を例にもう少し詳しく見ていこう。

小学生やそれより小さな子供を対象にした小説や童話では恋愛はそれほど扱われないように感じる。あったとしても、それは淡く微笑ましい程度のものだ。

年齢が上がり、中高生――ライトノベルの読者層になってくると恋愛は小説における大事な要素になってくる。

少年向けのライトノベルでは必ずといっていいほどヒロインが登場し、主人公と何らかのかかわりを見せている。どちらかが片思いをしていたり、互いに思いを寄せている、いわゆる両片思いの状態だったり、主人公が何人もの女の子に好かれているハーレムだったりと形態はさまざまだ。

少女向けのライトノベルも存在し、いわゆる少女小説と呼ばれている。このジャンルではヒロインの視点で話が進むことがほとんどで、かつ彼女とかかわるヒーローが登場する。

両者とも恋愛を描いてはいるのだが、内容や雰囲気は大きく異なっている。男性と女性の恋愛観の違いを確かめるためにもどちらも読んでみて、その差を見つけてほしい。

＊読者の性別を考える

少年向け、少女向けのライトノベルの話が出たところで、読者の年齢だけでなく性別を意識することについても触れておこう。

小説を読む時、読者は主人公とどのように関わっていくだろうか。多くの人は、彼または彼女の気持ちになって、一緒になって体験しているような心地になったり、心情を同じくしたりするのではないだろうか。これは感情移入といって、小説を楽しむ一つの方法である。あなたが書く作品にもこのような感情移入できる部分を作ってほしい。

感情移入、と言葉で簡単に示したが、これを読者に体験してもらうのはそう簡単にはいかない。いろいろと思考を巡らす必要がある。

まず考えてみてほしいことは、キャラクターの性別だ。読者が男性である場合、男の主人公に感情移入しやすくなる。反対に、読者が女性である場合、女の主人公に感情移入してもらいやすい。

少し考えてみるとわかるかもしれないが、男性が女性の気持ちを完全にわかるのは難しくないだろうか。読者の中にはよくわからない理由で、異性と喧嘩したという人もいるかもしれない。だがこの喧嘩の理由は、異性には理解できなくても同性なら共感できる、といったことも少なくない。これと同じで、異性の気持ちを細かな部分まで理解するのは難しいかもしれないということだ。

そのため、主人公とするキャラクターは誰に読んでほしいかによって変えたほうが感情移入してもらいやすくなるだろう。**少年向けの作品を書くのであれば主役を男性に、少女向けであれば主役を女性にすることをお勧めする。**

しかし、異性の主人公にまったく感情移入ができないわけではない。実際に、少年向けライトノベルの既刊作品の中には女性を主人公にしている作品も少なくないからだ。また、少年向けライトノベルを読んでいる女性読者というのもさほど珍しくはない。なので、あくまで目安であることを意識しておいてほしい。

年齢と興味――その2

＊ライトノベルらしさを

前項でも説明した通り、読者の年齢によって求められるものは違ってくる。

もちろんどの年齢でも興味を惹かれるような、インパクトのある出来事を起こすことはできるだろう。しかしそれでは、ライトノベルに求められる時代性にあわなくなってしまう可能性が高い。

ここで、現実世界で友人の死を扱う例を考えてみよう。普通の高校生である主人公が、大事な友人の死をきっかけとして物事への考え方を大きく変えていくような物語と仮定する。しかし「友人の死」だけをメインの出来事として添えるのはライトノベルでは難しい。すでにいくつもの作品で扱われたからだ。当然、目新しさはない。読者を惹きつけられないだろう。

そこで、友人の死という出来事に虐待、いじめ、過保護など現代の中高生に影響が強い悩みを入れたり、ゲームの中の世界、超能力や魔法を使った戦争の最中という設定にしたりすると、ぐっとライトノベルっぽくなってくる。

まずはライトノベルの読者層と親和性の高い題材を選んでみよう。その後、それを使ってどんな出来事が起こせるのかを考えてみるといいかもしれない。そうすれば書きたい要素に膨らみを持たせられるし、ありきたりではない作品の作り方について考えることもできるだろう。

＊情報を収集する

親和性の高い題材を知るにはどうしたらいいか。やはりライトノベルを読むのがいいだろう。あるいは書きたいレーベルの作品のあらすじなどを見るだけでも、読み手がどんなものに興味があるのかを知ることはできる。分析をしてみるといいかもしれない。だが、それでわかるのは読者の興味のあるガジェットだけになってしまう。

ガジェットは作品内で使われている『仕掛け』を指す言葉で、作中の不思議なアイテムや主人公が置かれている世界観などを示す場合が多い。

しかし、それがわかっただけではまだ足りない。読者を取り巻く空気を知るには不十分だからだ。そのためにやってほしいのは、ニュースなどに目を通すことだ。**読者の周りでどんな問題が起きているのかを知ることは、読者のことを知るのに、あるいは読者が普段多くの時間を過ごしている学校の話題を知るのに一役買ってくれる。**

ニュースを知る媒体としては新聞、テレビ、インターネットなど、いろいろなものがあり、テレビやネットを使えばそれほどお金はかからない。

慣れないうちは自分の興味のあることだけに絞ってもいいかもしれない。なんでもかんでも知ろうとすると、疲れてしまう。初めのうちは質ではなく毎日続けることが重要になってくる。初日だけを一生懸命にやって、その後が続かなければ意味はない。

続けていくうちに、徐々にその興味を外へ外へと広げられるのが理想だ。自分の興味が政治、経済などに及ぶと視点が広がり、書く作品にもいい影響を与えてくれるだろう。

新聞などを読みはじめても、すぐに成果は出ない。読み進めていくうちに、なんとなく新聞の読み方、ニュースの探し方がわかってくるようになるだろう。慣れないうちはしんどい作業になるかもしれないが、そのようにわかったという感覚がつかめるまでは続けてみてほしい。

また、ニュースに限らず、読者の年齢層が読む雑誌もチェックしてみるといいだろう。ファッション誌は服のことだけではなくその時の流行も紹介していることがあるので、見て損はない。流行を把握しておくということは、作品をヒットさせるうえで重要なことである。当然ながら、流行の要素を取り入れることで興味を抱いてもらいやすくなり、それが作品のヒットへとつながるからだ。最近の若者はどういったものに関心があるのか、アンテナを張り意識して流行に敏感になるようにしておこう。

＊日々常に勉強

ニュースなどに目を通していると、知らない言葉や概念が出て来ることも多いだろう。そういった場合には、どんどん調べていくようにしよう。Yahoo! や livedoor のヘッドラインを一日一回は見て、知らない単語を調べるだけでも基礎知識は増えていく。

作家志望者にとって、現代社会の仕組みを理解することはとても大事だ。そのうえで、新書などを読んでさらに知識を深めていくと、物語のバックボーンが深まっていく。

知識欲は作家志望者に必要なものだ。調べるのは大事だが、それだけでは忘れてしまうことも多い。間違えて覚えてしまうこともあるだろう。

それを防ぐために、エクセル表などに五十音順で、

ひらがなよみ　漢字　内容

の順でまとめてみるといいかもしれない。後で確認する時に、一覧で見やすくなるだろう。

またこれらの単語をカードに書き写し、ランダムで三枚引いて、その引き当てた三つの単語を組み合わせてプロットを作る、という発想方法を試してみるのも面白い。毎日やると繰り返し単語を見ることによって覚えやすくなり、さらに発想力も鍛えられて効果的だ。

第2章

CHAPTER 2

応募先に適していますか？

むやみやたらに応募しているだけでは、どこにも拾ってもらえない。レーベル側にも「求めている作品」があるのだ。まずはレーベルのことを知り、自分の作品がどこに向いているかを考えてみよう。

少年向けか、少女向けか?

あらかじめ目指しているレーベルがない場合、書きあげた作品の応募先を考える時にいろいろなレーベルから選ぶという作業を迫られることになる。レーベルが乱立している昨今、応募する賞を選ぶにも一苦労することだろう。

＊レーベルの選び方

その時にまず考えてみてほしいことは、**書いた作品が少年向けか、少女向けか**という点である。レーベルの特徴をつかむのは難しいが、これを考えるだけなら、難易度は下がるだろう。

最初に判断材料にしてほしいのは、主役の性別である。主役が男であれば少年向け、女であれば少女向けと考えてもいいかもしれない。少々乱暴だが、それくらい主役の性別は大切になる。

だが、少年向けライトノベルのレーベルであっても、少女や女性を主人公にした作品は少なくない。そのため、もうひとつ判断材料を増やしてみよう。それは、「恋愛要素」の強さだ。

少女向けライトノベルは、多くが恋愛を中心とした物語になっている。そのため、自分の作品を見つめ直して、恋愛要素がどれほど入っているかというのを考えてみたい。

わかりやすいのは、その物語は最終的に何を目指しているか、というのを分析してみることだ。この最終目標が、「主人公の少女と相手がくっつく」ことにあるようなら、それは恋愛要素が強い物語といえる。少女向けライトノベルだと判断していいだろう。

しかし最終目標が「世界の危機を救う」であったり「戦争を止める」であったり、恋愛とは他のところにあるようなら、少年向けの傾向が強い作品だと考えられる。

もっとも、最終目標がふたつ以上存在している場合もある。話の構造として、恋愛を中心とした少女向けの物語であっても、ただひたすら主人公と相手の恋愛だけを追いかけていては面白くならない。その恋愛と並行して、何か大きな物事を解決するために奔走するというもうひとつの流れが存在する作品は非常に多い。そのため、「主人公の少女と相手がくっつく」と「世界の危機を救う」、このふたつが両立する可能性は決して低くはないのだ。

その場合、両立している最終目標のうち、「読者に見せたい」とより強く感じるのはどちらなのかを考えてみよう。それによって、少年向けに振り分けるべきか、少女向けに振り分けるべきかが見えてくるだろう。

＊性別による興味の傾向

また、直接的な判断基準にはならないかもしれないが、男女の興味の対象についても少し知っておくといいだろう。

というのも、**男性と女性では興味の対象が異なっている**からだ。電車などで他の人の会話に耳を傾けてみたり、学生であればクラスメイトの会話を聞いてみたりすると、その違いがわかるだろう。特に、ライトノベルやアニメ、ゲームなどを好む人たちはよりその違いがわかりやすいかもしれない。専門学校の学生たちの話を聞いているとそう感じることがある。

その違いとして、女性は比較的現実に近いものを好む傾向にあるように感じる。「明日何をする」

などの予定などの近い将来にかかわること、あるいは昨日、一昨日など、近い過去にあったことなど話すことが多いように感じる。

一方の男性はロボットなどのＳＦの話やカードゲームといった、現実とは離れた話を好む傾向があるように思う。

これが、年齢がもっと上であったり、アニメなどに全く興味がない人たちであったりすれば、また話の内容は変わってくるだろう。しかしあなたが書くライトノベルを読む読者層は、まさにこういったものを好む人たちだ。彼らの興味の対象を知っておくことは、決して無駄にはならない。

さて、それを踏まえたうえで考えてほしいのは、自分の作品の中心がどんなものであるかということだ。例えば少年向けライトノベルであっても、あまりＳＦ要素が強くなかったり、現実に即していたりするような作品は、そうでない作品に比べて女性がとっつきやすい印象がある。

これに対して、少女向けライトノベルでＳＦ要素が強いような作品がほとんど見られないのも特徴的だ。それはつまり、前述したことと重ね合わせて考えてみると、女性がそういった要素をあまり好まないという分析をすることができる。

ただ、見せ方によってはＳＦ要素が多分に含まれる作品でも女性を惹きつけることができるので、判断基準というよりはあくまで興味の傾向として把握しておくのがいいだろう。逆に、好まれない傾向にある要素にどうしたら興味を持ってもらえるのか、という風に発想を膨らませるのもいいかもしれない。

少年向けか、少女向けか？――その2

＊日常を非日常に

前項では男女の嗜好の違いについて簡単に触れた。それを応用して作品を書いてもらえばいいのだが、いくつか注意点がある。ここではそれらについて説明しておきたい。

どちらにも共通して言えるのは、**話題になっていることをそのまま書いても面白くならない**ということだ。そのままを描いてしまっては、ただの現実になってしまうので、「夢」や「理想」に該当する部分もきちんと詰め込んでいきたい。

まず、女性向けの作品について。日常にフォーカスを当てるだけでは面白い作品にはなりにくい。学校や会社へ行くなどの決まっている予定をこなしたり、そこで嫌な相手に会ったり、少し楽しいことがあったりするだけでは、起伏に富んでいるとは言い難い。淡々とした日常を描くだけでは平坦な話になりやすいのだ。それでは小説の面白さを伝えることはできない。

そして、多くの少女向けライトノベルでは恋愛が中心に扱われている。恋愛も、女性が好む身近な話題の鉄板だ。

魅力的な恋愛物語が綴られる中でヒロインは、現実ではありそうでないことをいろいろと体験していくことになる。素敵な男性との出会いや大きな目的に向かって精一杯頑張る、といったことが物語の大きな柱になっているといえるだろう。

恋愛といっても、現代に生きるごくごく普通の二人が出会い、ごくごく普通にお付き合いするだけでは面白みがない。フィクションの中には、もっとロマンチックで面白い恋愛が求められている。

そのため、舞台にもファンタジーが選ばれることが多い。西洋、中華、和風などさまざまだが、現代にはない設定を作ることで男女の距離をコントロールしたり、ヒロインに行動を起こさせたりできるメリットはある。なにより非日常を体験するのにうってつけだ。

＊日常の中の非日常

一方の**少年向けライトノベルの作品については、現実では絶対に起きないけれど「こんな非日常が起きればいいな」と心のどこかで思えるようなものが題材になっているパターンがよく見られる。**普通に日常を送っていた主人公がゲームの中に入ってしまったり、ある日突然不思議な力に目覚めたり、といったようなものだ。普通の人間であった主人公が非日常に巻き込まれる、というものだ。

ファンタジー世界を舞台とした作品が圧倒的に多い少女向けとは、そこが大きく異なる。もちろん少年向けにも、ファンタジー世界が舞台となっている作品は多く存在している。しかし現代ものとファンタジーものを割合で見た場合、少女向けに比べて少年向けでは現代ものの比率が高いことがわかるはずだ。

日常の中に起こる非日常は、現実に刺激を求める読者が強く感情移入しながら楽しむことのできる作品だ。もちろん少女向けと同じように、現実から切り離された舞台で繰り広げられる壮大な物語というものも人気が高く、その柱は多岐に渡っている。冒険、真実の探求、世界の救済などさまざまだ。

その柱に該当するようなレーベルがあるなら、応募してみる価値は十分にあるだろう。

新人賞研究

＊イラストで作品を見る

新人賞に応募するからにはそのレーベルの分析と研究をするにこしたことはない。同じライトノベルでもレーベルによって特色に違いがあるからだ。

一番わかりやすいのは少年向けライトノベルと少女向けライトノベルの差であろう。

男性の中には、少女向けライトノベルを手にとったり、眺めたりするのを恥ずかしいと感じる人もいるかもしれない。恋愛という話題に気恥ずかしさを感じる人も当然いるだろう。だが、作家になるという夢のため、ひいては作家という仕事を続けるためには意識しておいたほうがいい。仕事の延長だと思って目を通してほしい。

まずは、内容ではなく、イラストに注目してみよう。**多くの作品にはイラストがついており少年向けライトノベルは「かわいい」あるいは「かっこいい」という印象を持たれるものが多い。一方の少女向けライトノベルのイラストは「きれい」と称するのがいいかもしれない。**

またイラストの印象以外の部分でも、違いを感じ取ることはできる。例えば背景を含めた全体の雰囲気を見てみよう。

少女向けライトノベルの表紙イラストには、細かな花や小物が描かれていることが多い。画面いっぱいに花や小物、ヒロインの髪や服といったものが広がり、全体的にきらきらとした雰囲気が漂っている。

一方、少年向けライトノベルではイラストの方向性が多様化しており、作品の方向性によって表紙の雰囲気も大きく変わってくる。背景が全く描かれておらずキャラクターが単体、あるいは二人から三人で描かれているものもあれば、その作品の世界観を伝えるために背景がしっかりと描き込まれている場合もある。

＊それぞれの売りの違い

そして、描かれているキャラクターにも大きな差が出る。少女向けライトノベルのほうは、主人公となるヒロインとその相手となる男性が二人で描かれているパターンが非常に多い。男性が複数人描かれている場合もあるが、主人公の友人の少女やラスボス的な存在が描かれているようなものは少ない。

これに対し少年向けライトノベルでは、主人公の仲間たちや敵となるキャラクターが登場する表紙もよく見かけることができる。また少女向けのほうでは主人公がほぼ必ずと言っていいほど登場しているのに対し、少年向けでは主人公が描かれず、ヒロインだけが表紙に登場するようなパターンも非常に多い。

こういったことから、少年向けライトノベルと少女向けライトノベルではそれぞれ表紙イラストで何を見せようとしているのかといった部分が分析できるかと思う。**少年向けライトノベルは作品の雰囲気や内容に合わせて表紙イラストがさまざまに変化するのに対し、少女向けライトノベルでは「主**

人公とその相手の恋愛」が全面に押し出されている。これはそれぞれ少年向けと少女向けで売りにしている部分が違うということだ。

もちろん、両者の違いはイラストだけに出ているわけではない。作品そのものの雰囲気の違いは、内容の違いからも強く感じ取ることができる。

ただ、作品を読まないとその雰囲気はわからないだろう。そのためにも、繰り返しにはなるがいろいろな作品に目を通してほしい。

特に自分が応募したいと考えているレーベルや、そのレーベルに雰囲気が似ている別のレーベルの作品には目を通すようにしておきたい。

そのためにやってほしいことが新人賞を獲った作品の研究である。どんな雰囲気の作品がどの賞を受賞するのかを見てほしい。もちろん、これまで指摘してきた視点でも作品を見るようにしてほしい。そうすると一回でいろいろな情報をつかむことができるだろう。

新人賞研究——その2

＊販促でウリを見つける

新人賞研究の目的は各レーベルの特徴を知り、自分の書く作品にふさわしいレーベルを見つけることだ。そのため、小説を読むことにこだわりすぎなくてもいい。それ以外にも、レーベルの傾向を知る方法はあるからだ。

まず、**レーベルのウェブサイトを閲覧**する方法がある。ウェブサイトには作品の特設サイトを作っているものがあり、人気作やレーベルが推している作品を取り上げている。どんな作品がピックアップされているかを確認してみよう。

それらを見て気になったことは一通りメモしてみると良い。それ以外にも、あらすじ、キャラクターなどの情報があればそれも確認しておきたい。どんな要素が入っているのか、どんな世界なのか、読者をどう喜ばせようとしているのかを探ってみるといいかもしれない。

それ以外の方法としては、**書店へ行くことをお勧めする。**書店にはポスターや「ポップ」と呼ばれる販売促進――略して販促用の広告がある。「〇万部突破」だとか、「売れています」などのうたい文句を見たことがあるかもしれない。それを見るだけでもなんとなくレーベルの傾向を知ることはできる。

広告には出版社が売りたいものが明確になっている。出版社が求めているもの、売れるだろうと考えているものを知ることから始めよう。

そのうえで、それのトレンドを自分の作品にも生かしていくといいだろう。売り上げなどは別として、**広告に書かれている内容は作品のウリになっていることが多い。**それを確かめておきたい。

販促物がなくても、本にかかっている帯にそういった文言が書かれていることも珍しくない。インターネットでは帯を見るのは少し手間がかかったりもするので（公開されていないことが多い）、実際に書店に赴いて確認をしてほしい。

＊アニメでの分析

昨今ライトノベルがアニメ化されるケースは非常に多い。そのアニメ化された作品を見てみるのも一つの手であろう。

アニメには原作にはない要素もあるので、原作と同一視してはいけないが、人気がある作品を知るという意味では一助になってくれるだろう。

しかしながら、ただアニメを見るだけでは一読者と同じである。作家志望であることを念頭に置いて、分析も行ってほしい。

ただ、それではアニメを見るのが嫌になってしまうこともあるだろう。最初は**一視聴者としての視点で楽しんで、二回目は分析を行いながら見る**と割り切ってしまってもいいだろう。二回目は話の筋を把握しているのでスムーズに分析ができるメリットもある。世界観、キャラクター、ストーリーなどに目を配るのはもちろん、セリフなどにも目を向けてもいいかもしれない。

ただ、これらの方法はあくまでトレンドや流行を知ることに特化した方法である。そのため、文章技術や話の流れなどを向上させるには、小説を読むしかない。時間もかかるし、面倒かもしれないが、自分の力を上げるためにも読み進めていきたい。

＊レーベルのキャラクターを掴む

レーベルについての話は何度か登場している。ここではレーベルの分析の仕方を掘り下げてみたい。

まず、作品に登場するキャラクターについて考えてみよう。ライトノベルはキャラクター小説と呼ばれることもあるくらい、キャラクターの存在が重要視される。

そのため、どのレーベルのキャラクターが自分の書こうとしているキャラクターに近いのかを知っておいたほうがいい。レーベルの作品を読んだり、サイトにある人物紹介を参考にしたりしてもいいだろう。

ひとつの基準は、キャラクターの性別と年齢である。性別に関しては先にも述べた通り、まず少年向けと少女向けで主人公の性別が大きく変わってくるので、そこを参考にするといい。

そして年齢。多くのレーベルでは中高生が主人公とされていることが多いが、近年ではライトノベルと文芸の間を狙った、「キャラクター文芸」とも呼ばれるジャンルが増えている。そういったジャンルを扱っているレーベルにおいては、大学生や社会人が主人公である場合も多い。

この性別と年齢は基準としてわかりやすいので、レーベルの特徴を把握するためのひとつの判断材料にしておくといいだろう。それでキャラクターを掴むことができたなら、自分のキャラクターとの差別化も考えていきたい。既存の作品と同じキャラクターでは審査員の目に留まらないからだ。

作品の雰囲気についても見ておきたい。先ほど少年向け、少女向けライトノベルの違いを紹介したが、その時のキャラクターの印象はここでも意識したほうがいいかもしれない。

現実に近いような描かれ方をしている作品が多いのか。それともアニメのような、現実離れしたキャラクターになっているのかを確認してみよう。この辺りは表紙やサイトなどにあるイラストも参考にしてみると良い。

そしてもちろん、読んでみて抱く印象も大事にしたい。キャラクターにどんな振る舞いをさせるとアニメっぽくなるのか、現実的になるのかも見てみるといいだろう。

それがわかれば、自分の作品をイラストにしてみた時にどんなキャラクターが合っているのかを知ることができる。レーベルにフィットするキャラクターを生み出す一助となってくれるだろう。

＊世界観や作品の傾向

レーベルによって、扱う世界観というものも変わってくる。異世界ファンタジーを主に取り扱っているレーベルもあれば、学園ものを主としているレーベルもある。

この取り扱う世界観の違いは、意外とレーベルの色に強く出てくる。世界観は作品の雰囲気の大きな部分を作っている。キャラクターの内面の印象は実際に読んでみてわかる部分が大きいが、世界観はあらすじを読むだけでも大まかな分類がわかる。ネットの紹介文や裏表紙のあらすじを読んで、どういった世界観を取り扱っているのかを分析してみるといいだろう。

多くの新人賞は応募要項で、「ジャンルは問いません」と謳っている。ならばそれを信用し、学園ものを多く扱うレーベルに異世界ファンタジーものを投稿してもいいのではないか、と思う人もいるだろう。もちろん、要項に違反しているわけではないので、応募すればきちんと審査の範囲に入る。しかし明確に表記されていなくとも、「学園ものを強みにしているレーベル」であることは察せられる。そこに異世界ファンタジーものを投稿しても、「うちのレーベルの『色』とは違う」と捉えられてしまう。他に異世界ファンタジーに強いレーベルがあるのなら、そちらに応募したほうが適しているだろう。

パン屋で魚を売ったとしても、その魚を積極的に売り出したいとは思わない。そうではなく、新しく人気が出そうなパンを積極的に売り出したいと思うだろう。それと同じことで、レーベルが強みとしているものとは全く違うジャンル、違う傾向の作品を投稿しても浮いてしまうのだ。

世界観の方向性をつかむだけでも、レーベルの色から大きく外れるのは防ぐことができる。実際に出版されている作品を見て、どういった世界観の作品が多く出されているのかを調べてみるといいだろう。

＊ターゲットを絞る

ターゲットとなる読者についての情報も掘り下げていきたい。例えば、『十代から二十代の男性』というターゲットを考えてみよう。確かに考えられてはいるのだが、範囲が広すぎるといえる。

例えば十代というくくりで見ても、下は小学生、上は大学生、あるいは社会人となっている場合もあり立場が幅広い。

二十代についても同様で、大学生もいれば社会人もいる。さらにいえば、独身者、既婚者の違いもあるし、子供を育てている人もいるだろう。

イラスト

少年向け

キャラクターが複数描かれ、世界観を感じさせるような背景がしっかりと描き込まれているような「かっこいい」ものから、ヒロインの魅力を前面に押し出した「かわいい」ものまで、作品によってさまざまな雰囲気のものがある。

少女向け

小物などを散りばめて、きらびやかで「きれい」な印象。表紙に描かれるのは主人公とその恋愛対象となるキャラクターの２人であることが多い。

キャラクター

性別

少年向けライトノベルでは男主人公。少女向けライトノベルでは女主人公が定番。しかし少年向けライトノベルでも女主人公の作品は存在する。

年齢

主人公は中高生、あるいはそれに該当する年齢であることが多い。キャラクター文芸では大学生や社会人が主人公であることも。

世界観

そのレーベルの強みになる世界観というものがある。異世界ファンタジーや学園ものなど、既刊を見比べるとわかりやすい。

ターゲット

あまり広げすぎずに、性別や年齢などで絞ったほうが読者を明確に想定できる。

そんな人たちを一括りにしてしまうのはいささか乱暴といえる。小学校の高学年の男の子と、既婚で子供がいる男性が同じ主人公に共感するのは難しいからだ。そのため、ターゲットといわれた場合は、もっと範囲を絞ってほしい。**大体は学校の段階（小学生、中学生など）と社会人か否かで分けられることが多い。**その中で大半のライトノベルは中学生と高校生がターゲットになっている。

あるいは読者の嗜好で絞ってもいい。ファンタジー世界が好きな人、ツンデレのヒロインが好きな人、ミステリーが好きな人、など。その際は多くの読者が好きな要素を選ぼう。

流行を追いかける、先読みする

＊トレンドを追いかける

作品を読んでみてレーベルの研究を進めていっても、数年たてばその分析は役に立たなくなることもある。

ライトノベルには時代性が求められ、読者は常に新しいものを求めている。今流行っているものもいずれは飽きられてしまうかもしれない。常に新しいものを追いかけ続ける必要が出てくるというわけだ。**作家を目指している間、作家になった後もトレンドを追いかけ続けなければならない。**

試しに、十五年ほど前――二〇〇〇年から二〇〇五年ごろにかけて出版された小説を読んでみるといいかもしれない。長い間ライトノベルを読んでいる読者にとっては、十年というのはさほど昔のようには感じられないかもしれない。しかし十年前といえば、メインの読者層である中高生がまだ小学校、あるいは幼稚園や保育園に通っていた頃のこととなる。そう考えると月日の流れがよくわかり、当時と全く同じようなものが流行っているわけではないことが理解できるだろう。

流行というものはあっという間に移り変わる。十年や十五年前の作品を振り返ってみるだけでも、現在の作品との違いを見つけられるだろう。

＊トレンドを先読みする

トレンドを追いかける必要性はあるし、作品にも反映できるといいとは思う。しかし、それだけがすべてではない。トレンドを先読みする必要も出てくるからだ。社会の流れや時代の変化によって、読者の願いがどう変わっていくのかを考えてみよう。

自分の作品が時代の流れに合っているのかどうかは、出版した後でなければわからないのが普通だった。しかし、最近では自分の作品を投稿できるサイトなども登場し、自分の考えを発信しやすくなっている。**修行と作品のウケを確認する意味でも、小説を投稿してみて読み手の反応を確かめてみるのもいいかもしれない。**

トレンドを先読みするというのはなかなか簡単にできることではない。さまざまな方向にアンテナを張り巡らし、常に流行を意識しておかなければならないからだ。

そのため、**単に新しい小説を読み続けるだけではなく、雑誌などにも目を通しておくといい**だろう。雑誌は発行されるスパンが短く、常に流行を追いかけている。一冊一冊が薄く、字だけでなく写真や絵も豊富なので、読むのにそこまで時間はかからない。トレンドの先読みの参考資料として適切なのだ。

＊変わるものを覚えておく

流行に関連して、少し話はずれるかもしれないが、「変わるもの」について話しておこう。この十年、二十年で進んだものとして、銀行やコンビニのチェーン、ブランドの統合などが挙げられる。

銀行は以前ならたくさんの数があったのに、統合によって店舗数自体も減り、ＡＴＭだけの店舗も増えた。個人的には、コンビニのam/pmがブランド自体なくなったことが驚きである。am/pmは独自の冷凍食材を展開したりしていたからだ。

どの時代に何が存在していたのか、そういったものを心にとどめておくことで、少し前の時代を舞台にした作品などを書く際に、リアリティを出すことができる。また、世の中がどのように変化し続けているのかを感じ取ることができるはずだ。

また、私の住んでいる地域に限られた話ではあるのだが、その辺りは各チェーンの実験店舗が多く、そこにしかないメニューや形態の店舗なども存在していた。

皆さんも普段の生活で地元にしかないもの、どこにでもあるものでも注意深く見ておくと作品を描く際の幅が広がる。ショッピングモールに行ってみるとどこにでも必ず入っているチェーン店舗とその地域独自のものがあり、そういった差異を見るのも面白いだろう。

レーベルの枠を飛び出す

これまでレーベルの作品を見倣うように、という趣旨のことばかりを書いてきた。ここではまるっきり逆のように聞こえるかもしれないことを記しておきたい。それが「レーベルの枠を飛び出す」ということである。

＊新しい何か

新人賞の審査の方法については先述した通りであるが、審査員たちは「今までの作家では書けない作品なのか」という視点で作品を見ることになる。そのため、レーベルらしさを１００％再現できたとしても、それだけでは「あの作品なら○○先生が書けるだろう」とか「○○先生の作風とほとんど一緒だな」などと審査員に認められない可能性がある。

つまり、**新人賞を受賞することを考えるのであれば、「新しい何か」をレーベルにもたらす必要が出てくる。**

先程例に挙げたパン屋の新商品の件も、これと同じことが言える。「新商品」として売り出すからには、何らかの新しい要素が必要となる。それまで店頭に並んでいたものと何ら変わりのない商品を売るのであれば、「新商品」と掲げる必要はなく、それでは目玉商品には成りえない。

しかしただ「新しい要素」といったところで、いろいろな方向性がありすぎて、何をやっていいのかわからなくなるかもしれない。そこで、どんな風に考えればいいのかをもう少し具体的にしておきたい。

＊新しい風を生んだ例

近年、王道ファンタジー風のゲーム世界に現代人が介入してしまうというライトノベルが登場し、ブームを巻き起こした。これももともとあった「王道ファンタジー」に新しい風を生んだ例といえる。

剣と魔法の世界を舞台にした王道ファンタジー作品は、昔流行ったもののその後下火になってしまったという経歴がある。それが再び読者の興味を引いたのは、「ゲームの世界に入り込む」という要素が取り入れられたからだ。

異世界に生まれた主人公に自分を重ね、「こんな冒険がしてみたい」と思うのがそれまでの王道ファンタジーでの感情移入の仕方だった。しかし現代に生きる主人公がゲームの世界に入ってしまう、という設定を用いたことで、同じく現代日本に生きる自分とより重ね合わせやすくなり、それでいて異世界ファンタジーの冒険を味わえる……という新たな楽しみ方が生まれたのだ。またゲームという普段から親しんでいるものを異世界トリップの鍵にしたことも、人気が出た理由のひとつといえる。

このように、**作品全体の雰囲気は昔から存在している王道ファンタジーとしながらも、そこに「ゲーム世界へのトリップ」という要素を持ってきたことで、新しい風が生まれた。**そのレーベルに合った作品を書きつつ「新しい何か」を取り入れるというのは、こういったことなのだ。

レーベルの枠を飛び出す――その2

＊ライトノベルの枠に収める

レーベルの枠を飛び出すことを考える時でも、ライトノベルという枠に収めることは気にかけなければならない。

レーベルの枠さえ越えれば、すべてが解決するという問題でもない。あくまでライトノベルらしい作品であることは前提になる。ライトノベルの読者層である中高生が楽しめるような作品であることは必須なのだ。

例えば、ＳＦ的な要素を作品に取り入れたいと思っても、ＳＦ的な要素だけで作品を覆い尽くしてしまえば、それはＳＦ作品となってしまう。この問題を解決するにはライトノベルと何かを考えなくてはならない。

ここで、ライトノベルの定義としてあげた要素を参考にしてみよう。イラスト、レーベルなどは書く前には考慮できないので置いておく。注目してほしいのは『**登場人物の魅力が生かされたキャラクター小説であること**』という点だ。

世界観の説明ばかりが並んでいる作品では読み手は面白いと感じない。少なくとも、ライトノベルに求められるものではない。求める人がいれば、設定集などを買うからだ。

キャラクターの魅力を生かした小説であれば、多少他の要素が強く出ていても読者は受け入れてくれる。

例えば、青春小説の要素が強い作品としては、アニメ化もされた、『とらドラ!』(竹宮ゆゆこ/電撃文庫)があげられる。恋愛や思春期の悩みを作品に取り入れている辺りは、一般文芸の青春小説の雰囲気なのだが、キャラクターの個性によって、きちんとライトノベルとしてパッケージングがなされている。

近年、新人賞を獲った作品でいえば、『夏の終わりとリセット彼女』(境田吉孝/ガガガ文庫)にそのような雰囲気を感じる。こちらもキャラクターがライトノベルらしくパッケージされているとともに、ややファンタジックな要素を入れて、中高生向きとなるようにしているように思える。

SF要素のある作品でいえば、ブームを作ったといっても過言ではない、「涼宮ハルヒ」シリーズ(谷川流/角川スニーカー文庫)があげられるだろう。個性的なキャラクターにばかり注目される作品だが、実はSF的な要素がふんだんに使われた作品となっていた。

こちらも近年新人賞を獲った作品をあげるとするなら、『ひとつ海のパラスアテナ』(鳩見すた/電撃文庫)にはSF作品的な世界観が取り入れられているように感じられる。

どちらも、SF的な手法で世界観を構築し、キャラクターの行動の背景がきちんと伝わる作品となっている。

ライトノベル作品を読みながら、もしその作品からライトノベルの要素を抜いたならどこのジャンルに分類されるかというところにも目を向けてほしい。ジャンルとしての面白さはもちろん、ジャンルを越えたライトノベルの面白さを見つけることができるだろう。

第3章

CHAPTER 3

三十文字でキャッチをつけられますか？

キャッチコピーには、その作品の特徴が短く、そして的確に表されている。あなたの作品は、印象的なキャッチコピーを作れるような物語になっているだろうか？　自分の作品を宣伝するつもりで考えてみてほしい。

キャッチとは何か

＊キャッチの役割

キャッチという言葉は耳慣れないかもしれないが、意外と身近に存在している。「キャッチコピー」といえばわかりやすいだろう。ポスターなどで用いられる短い文章がそれだ。

これは本を購入する際にも目にすることになる。というのも、書店などで書籍を購入すると、帯がついているのを見かけたことがあるだろう。その帯についている、短い作品の紹介文――これもキャッチだ。このキャッチは編集者が作ることが多いが、まれに作者自身が作る場合もある。

キャッチは作品の面白さを端的に伝えるものだ。わざわざ**キャッチを作る理由は、そのたった一文で作品の魅力を売り込むことができるから**だ。魅力的なキャッチを目にした時、その一文から作品の内容が気になって本を手にとっていた――という人もいるのではないだろうか。

書店に行けば、溢れるくらいの書籍と出会うことができる。数千、数万冊の本の中からたった一冊に巡りあうのは偶然というにはできすぎている。

本を探して歩き回っている時に一冊の本を見てふと足を止めてしまうのは、その本の何かが気に留まったということなのだろう。ある人は表紙のイラスト、またある人はタイトル、帯を見て、「おっと、この本は」と思わされる。これは偶然ではなく、イラストやキャッチにあなたが魅せられたからに他ならない。

足を止めた後で、気になったもの以外の他の要素をじっくりと見てみたり、中身を読んでみたりするのではないだろうか。キャッチの役割としては、この「足止め」で十分なのだ。作品を買おうとしている人に足を止めさせ、本を手にとってもらう。文字通りキャッチ（つかまえること）するのがその役割だ。つまりキャッチは本を買おうとする人の興味を引くための道具ということだ。そのためにも短い文章で、作品の面白さをギュッと凝縮していなければ、読み手にはその魅力が伝わらない。

＊キャッチが作れる作品とは

この話をした理由は、自分の作品を書く時にもキャッチを考えてみてほしいからだ。「キャッチは編集者が作ることが多い」と先述したので、作者が頭を悩ませる部分ではないと思うかもしれない。だが、キャッチに作品の面白さが凝縮されているということは、それを考えることは自分の作品の面白さが何なのか、興味を引けそうな要素が何処なのかを考えるきっかけになる。

新人賞の選考委員が応募されてきた作品を評価したり、編集者が作家のプロットを見たりする時に、よく「キャッチーさに欠けている」という言葉を使う。これはつまり、帯のキャッチを作れるような要素が欠けているということだ。その作品にしかない、読者を惹きつけるような要素が足りないということである。

物語を読んだだけでキャッチが浮かんでくるような作品は、「良い作品」「面白い作品」といえる。そういった選考委員や編集者の視点からも、自分の作品のキャッチを考えることは効果がある。

しかし、作品の面白さや魅力を短い文章で端的に表現するのは意外に難しいことだ。文章力を鍛える訓練にもなるので、試してみてほしい。

既存のキャッチを観察する

＊さまざまなキャッチを見比べる

キャッチを考える前に、既存のキャッチを研究してみよう。本を買って、そこについているものを分析するのでもいいのだが、キャッチだけのためならばそこまでする必要はない。**一番効率がいいのは、書店に足を運ぶことだ。**書籍のほとんどには帯がついており、キャッチが掲載されている。それを観察すれば十分だ。自分が気になったキャッチとそうでないキャッチの差も見えるので、さまざまなキャッチを一度に観察できるという点では、いちいち購入するよりもそのほうがいいかもしれない。

なかなか書店に行くことができない場合には、インターネットを活用してみよう。**出版社のサイトや書籍の通販サイトの中には、キャッチやあらすじを確認できるものが多く存在する。**キャッチを知るにはそれで十分だ。

ただ、先述したようにインターネットでは帯そのものが掲載されていることは少ない。載っているのは文章のみだ。そのためパッケージの彩りなど、実際に書店に並んだ時のイメージが現物として見られないところは玉に瑕（きず）だろうか。

また帯を見る時には、ライトノベルだけではなく、一般文芸や児童文学、歴史小説など、他のジャンルの小説にも目を向けてみてほしい。それぞれの分野で、読者に何を訴えかけようとしているのか、どこを読んでほしいと考えているのかが見えてくるはずだ。

その差を感じることは、ライトノベルらしさを知ることにもつながっていくはずだ。他のジャンルでは訴えていないこと、つまりライトノベルだけの帯に見られる特徴を分析してみよう。その違いが鮮明になれば、ターゲットとなる中高生がどんなものを好んでいるのかがよりはっきりするはずだ。

逆に、似ている部分も見つけてみるといいだろう。似ている部分はジャンルを問わず小説自体の面白さである可能性が高いからだ。それはライトノベルを書く時にも意識するべき部分となってくるはずだ。

＊キャッチを研究する

キャッチを研究する時、まず考えてみてほしいのは、自分がどんなキャッチに心惹かれたのか、なぜそのキャッチに心惹かれたのかという点だ。分析を始める前に、自分の感性を確認してみよう。

というのも、キャッチにはいくつか種類があるように思えるからだ。30字程度の短い文章の中で作品のすべてを伝えるのは不可能だ。もしそれができれば、長編小説を読む必要さえなくなってしまう。キャッチにはすべての情報は載せられない。そのため、作品のなかで一番の売りになるものを見つけ出して、記載しているわけだ。

それがキャラクターの場合もあれば、世界設定であることも、またはストーリーの意外性に言及していることもあるだろう。中にはキャラクターの印象的なセリフをそのまま帯として採用しているものもある。

これらのことを念頭に置きながら、**自分が何に惹かれたのか、関心を持ったのかをまずは考えてみ**

よう。自分の好きなものというのは無意識のうちに観察していることが多いのか、上手く作れることが多いように感じる。そのため、自分の嗜好を探して、キャッチ作りに生かしてもらいたい。

＊キャッチを作る

自分の感性を確認し、キャッチを研究することができれば、いよいよ自分なりにキャッチを作ってみよう。どんなところに読み手は心惹かれるのか、どんなことを書くと作品のイメージが伝わるのかを考えながら作ってみるといいだろう。

また、普通であれば「自分の作品にあったキャッチを作る」という風に考えるだろう。すでに完成している作品にはどんなキャッチがふさわしいか、という発想が真っ先に浮かぶはずだ。

もちろんそれもやってみてほしい。自分の書いた物語の中から最も面白い要素を取り出すという作業を行うことによって、作品の良さがどこにあったのかを改めて見つめ直すことができる。

しかしここで、「人が惹かれるようなキャッチを作るにはどんな作品を書くべきか」という風に発想の転換もしてみよう。つまり**「すでに完成している作品にキャッチをつける」のではなく、「最初に考えたキャッチから作品を書いてみる」というチャレンジをしてみる**のだ。

先程も述べたように、キャッチはその作品における一番の売りになる部分だ。そこを最初に考えるということは、作品を書く前から自分の中で売りとなる部分がはっきりしているということになる。こうすることで作品の芯となる部分が明確に見え、物語が作りやすくなるのだ。

ここが一番面白い、という箇所が自分の中ではっきりわかっていれば、そこに向けて自然と物語は膨らんでいく。一文のキャッチから作品を作り上げるという試み、ぜひやってみよう。

ありきたりなキャッチ

＊他の作品にも見られる要素

キャッチは作品のウリを端的に示したものだと説明した。そのため、作品の特徴を示す必要がある。しかし、どんな作品でも言えるようなことや、漠然としていて伝わらないことでは誰かの目を惹くことはできない。その作品だけの魅力を凝縮して伝える必要がある。

例えばこんなキャッチはどうだろうか。


『楽しい冒険！』


ストーリーに関する要素が短くまとまってはいる。主人公が冒険をしようとする話になっていることは十分に伝わるだろう。

しかし、具体性はあまりない。そのうえ、多くのファンタジー作品では、冒険はつきものになっていて、この作品だけのものとは限らない。そのため、キャッチとしては物足りないものになってしまっている。

次のものはどうだろうか。

『剣と魔法のファンタジー』

これは世界観を示したもので、先ほどと同じように短くまとめている。そして、作品のジャンルを全面に打ち出すものとなっている。これならばファンタジー好きな人は手を止めてくれるかもしれない。

しかし、このキャッチは王道すぎる内容になってしまっている。これではたくさんあるファンタジー作品の中で差別化することができない。よほど「ファンタジー小説ならどんなものでも好き！」というような人でなければ、足を止めて作品を手にしてはくれないだろう。

最後の例を見てみよう。

『試練を乗り越え少年は大人になっていく』

キャラクターの要素が全面に出たキャッチである。少年の成長という面白そうな要素があり、惹きつけられるものはあるかもしれない。

しかし、多くの作品では主人公の成長を描いている。この作品でなければ表現できないというものではない。つまり、この要素だけをウリとして表現することは難しいのである。

キャッチを作る時にも、いろいろと考えなければいけないことがあるとわかってもらえただろうか。キャッチを作った場合には今あげたような観点で見直しをしてみてほしい。もし「この作品にしかない要素」が見当たらなければ、新たにその要素を作品に付与してみよう。そうすれば、自分だけの作品の、自分にしか書けないウリができるはずだ。

ありきたりなキャッチを避けるには

＊自分の作品の良さを掘り下げる

キャッチを作ることを意識する時、これまでに述べたような**「ありきたりなキャッチ」を避けるためには、自分の作品の良さを掘り下げてみるのがいい**だろう。

「この作品はここが面白い」と明確に言えるように、自分が面白いと思っている要素を掘り下げてみるのだ。

先述した例を使ってみることにしよう。

『楽しい冒険！』というキャッチであれば、楽しいのはどうしてなのか、どんな冒険が繰り広げられるのかを考えてみるといいかもしれない。

冒険の舞台となっているのは何処なのか、登場人物をどんな試練が待ち受けているのかを考えてみるわけだ。作品の舞台がジャングルなのか、ダンジョンの中なのかによって受ける印象は随分と変わってくる。そのうえ、登場するモンスターか猛獣かなどという部分も違ってくれば、登場人物の対処も変わってきてストーリーにも変化が生じる。できる限り細かく書いて、雰囲気を伝わるようにすることを心がけてみよう。

『剣と魔法のファンタジー』も見てみよう。

これは『剣』と『魔法』がどんなものかを掘り下げるといいだろう。他の作品との違いが鮮明になる部分はここである可能性が高い。

魔法ならば、どんな魔法を使っているのか、発動などにリスクはあるのか、など魔法の特異性を考えてみたい。

剣であれば、剣士が魔法使いに対抗する方法や剣の特殊性を考えてみると、他の作品との違いが鮮明になる。書こうとしている作品、書いた作品にそのような要素があれば、それをキャッチの中に入れるといいかもしれない。

三番目の『試練を乗り越え少年は大人になっていく』についても見てみよう。

これは「試練」、「少年」、「成長」という三つを掘り下げ、具体的にしてみよう。

試練で言えば、どんな世界で、どんな試練が待ち受けているのか、どうして達成しなくてはならないのかを考えてみると伝えなければならない情報が見えてくるだろう。

それ以外の「少年」、「成長」はどちらもキャラクターに関する情報である。ここではどんな少年が、どんな成長を遂げるのかを考えてみるといいかもしれない。

どのようなキャッチを作るにしても、大切なのは見た者の心に引っかかるような文章を作ることだ。「面白そう」と思わせる文章だけでなく、「どういう意味だろう?」「なんとなく不気味だな」というような違和感を覚えさせる文章でもかまわない。その引っかかりが、作品への興味へとつながっていくのである。

第4章

CHAPTER 4

四〇〇文字で説明できますか？

プロットを書くとき、文字数は意識しているだろうか。ついつい長くなりすぎていないだろうか。長すぎるプロットには落とし穴がある。本当に書きたい要素は何なのか—— それはプロットを短くすることで見えてくる。

書きたいものを短く伝える

＊プロットは長く書きすぎない

小説を書く時には、いきなり原稿に向かって書き始めるのは良くない。書きたいことをがむしゃらに書いても、まとまりがない作品になりがちだ。それに書くことがまとまっていないと、執筆の最中に考えたり、止まったりして効率的な作業とは言えない状況になってしまうこともある。

それでも作品を作れるという人はいるだろうが、話全体の構成や読みやすさまで要求すると至難の業になってくる。ごく稀にプロットなしでも面白い作品を書ける人はいるのだが、自分もそのような才能がある人間だとは決めつけずに、まずは設計図を準備するところから始めてみよう。

設計図はプロットと呼ばれるもので、作品の中にどんなキャラクターが登場するのか、どんな舞台なのか、どんな話になるのを簡潔にまとめたものだ。

プロットの文字数は特に決まっていない。だが、プロットを詳しく書こうとすると、どこまででも説明することができてしまう。そのため、書き慣れていないと世界設定に大幅に文字数を費やすことになったり、キャラクターのセリフなども入れ込んだりして、結果的にプロットが膨大な文字数になってしまうという事態に陥りがちだ。

制限がないからといってだらだらと書いていると、次第に自分の中でもどういう話にしたかったのかという根本的な部分がわからなくなってきてしまう。また短ければ起承転結や話のヤマ、タニという話の流れも理解しやすいのだが、あまりに文字数が多いとそういったものも見えにくくなる。その結果、まとまりがなく盛り上がる箇所もよくわからないようなつまらない物語になってしまうのだ。

＊労力を抑える

問題点はそれだけではない。プロットを長く書いてしまうと、それで満足してしまう人もいる。長編執筆の完成と同じくらいの満足感を抱いてしまい、やり切ったという感覚になってしまうのである。この状態になっては本末転倒である。というのもプロットは長編小説を書くための道具でしかない。その道具を作っただけで満足してしまっては何にもならない。

こういった状況を避けるため、プロットを作る労力を抑えるようにしてみよう。文字数を絞り、自分の書きたいもの、面白いものが何かを短い文章で表現できるようになってほしい。

そうすることで、長編の中で書かなければいけないことがはっきりし、話の軸がはっきり見えて執筆しやすくなる。また、プロットで書く文字数を少なくすることで、長編小説を書ける体力や気力を残すこともできる。

長編小説を書くことは重労働である。そのためにも、一本一本をいかに楽に、スピーディーに書くようにするのかも意識していきたいところである。

もちろん、執筆中に行き詰まり「このシーンはもう少し細かいプロットが欲しいな」と感じることがあって、執筆をスムーズに進めるために下書き代わりの細かいプロットを作ったりするのは大いにかまわない。

重要なのは、執筆を始める前からその労力をプロットにすべて注ぎ込んでしまわないことだ。

書きたいものを短く伝える——その2

＊四〇〇文字でまとめる

プロットを短くまとめる利点についてはわかっていただけたと思う。続いて、ここではどれくらいの文字数にまとめるといいのかについて言及しておきたい。

面白い作品というのは意外とコンパクトに基本要素をまとめることができるものだ。そのため、プロットとしては四〇〇文字程度でまとめてみるのがいいかもしれない。

その四〇〇文字の中で、キャラクター、世界観、ストーリーの説明をしなければならないのだ。言葉で表現すると簡単そうに感じられるかもしれないが、そう簡単にはいかない。

四〇〇文字で書こうとすると、設定の説明だけで終わってしまう人や、ストーリーが最終的にどうなるのかといった部分まで書けないという人が非常に多いからだ。

しかし物語が最終的にどういう結末を迎えるのかまで書かなければ、自分の中で終わりが見えない。それはつまり、行き当たりばったりで作品を書いてしまうのと同じである。それでは設計図の意味をなしていない。

物語全体のバランスというものもわからない。物語には起承転結や、ヤマやタニと呼ばれるものがある。最初から最後までの流れを書かなければ、物語に盛り上がりが足りないだとか、導入部分が長いだとか、そういった部分が見えてこないのだ。

そのような状態で作品を書き始めると、必ず途中で詰まることになる。最初の設計図がしっかりしていないから、いざ書くとなるとあちらこちらに穴が生じ、にっちもさっちもいかなくなってしまうのだ。

そうして行き詰まる状態になってしまうのを防ぐためにも、**プロットは必ず物語の最後まで決めておく**ことを覚えておいてもらいたい。

＊オリジナリティの説明

また、四〇〇文字の中では他作品との違いをうまく説明しきれないという人もいる。例えば作家志望者に四〇〇文字で作ったプロットを提出してもらった際、ある既存作品の魔法の設定をひねっただけ、あるいは人間関係を少し変更しただけといった、「どこかで見たような作品」を思わせる既視感のあるプロットが提出されることがある。

これらは盗作ということではなく、「もっと文字数があれば既存作品との違いを説明できる」ものである。しかし短い文章で説明するという制約がある分、それらの違いがうまく表現できず、結果的に既視感のあるものに見えてしまうのだ。

これはつまり、作品の根幹にオリジナリティがないということだ。小手先のオリジナリティではなく、**本当のオリジナリティがないと、ありふれた作品のプロットとなってしまう**というのがここから理解できるのではないだろうか。

こういった理由から、四〇〇文字という短い文字数でプロットをまとめるという難しさにチャレンジしてほしいのだ。短い文字数でプロットを作るのに慣れれば、それだけ多くのプロットを生み出すことにもつながってくる。**長々とプロットを作るよりも、短くまとまったプロットをいくつも作ったほうが、それだけアイディアのストックが増えていくというメリットがある**わけだ。

まずはテーマを作る

＊テーマとは

プロットを短くまとめるメリットは感じてもらうことができたかと思う。続いて、プロットをまとめる時に意識してほしいことについて言及していきたい。

まず、書こうとしている作品を**四〇〇字程度のプロットにまとめる時、優先するといいのは作品のテーマを入れること**だ。

テーマと聞いて、何を指しているのかピンと来ない人もいるかもしれない。だが、そんなに難しいものではない。**作品を読み終わった時に、感動や清々しさ、時にはやるせなさといったさまざまな感情が心に残ると思うが、その感情のもとになっているのがテーマである。**我々が小説を読む時、登場人物を通してこのテーマを体験しているといってもいいだろう。

そのテーマこそが作品で一番大切な要素である。これがなければ結局は何が言いたいのかわからない作品になってしまう。それでは作品と面白味も損なわれ、商業価値も下がってしまうだろう。

当然、新人賞の選考でもこれは確認され、もしテーマが感じられなければ一次選考で落選すると考えてもいい。

テーマというのは、それくらい大事なものなのだ。小説に限ったことではないが、ドラマ、漫画など多くのストーリー作品で重要な要素になってくる。

＊テーマをどう描くか

テーマは良い作品を生み出すうえで必要不可欠な要素なのだが、こう言うとしばしば「どうテーマを入れ込んだらいいのかわからない」という人が出てくる。

確かに、テーマをどのように表現したらいいのかというのは、なかなかに頭を悩ませなければならない部分ではある。「この作品のテーマはこれですよ！」と安易にキャラクターに言わせることもできないからだ。

ただ、**直接的にキャラクターにテーマを言わせることはできなくても、その行動でテーマを表すことはできる。つまり、テーマの体現者を用意するということだ。**

例えば、『勇気』をテーマにする場合、初めから勇猛果敢な人間を主人公にしてしまうとそれは伝わりにくくなってしまう。勇猛果敢な人が、難事件に対して勇猛果敢に挑んでいくのは至極当然のことだからだ。それでは読み手の心を動かすことはできないので、『勇気』がテーマであるということも伝わりにくい。

そこで『勇気』の大切さをどんな人が訴えるといいのかを考えてみたい。最初から勇猛果敢なキャラクターよりは、なかなか勇気が出せないキャラクターや常に保身に走るようなキャラクターのほうがいいかもしれない。初めはうまく動けない彼らが、最終的に勇気を出して活躍をすることで、読み

まずはテーマを作る――その2

＊どのようにテーマを選ぶか

テーマを作ろうという話をした後なら、当然どんなテーマにすればいいのか疑問に思うことだろう。だが、難しく考えることはない。ライトノベルを書く時には、エンタメを意識して楽しそうなものを選んでみたい。

一般文芸や純文学であれば、『人生とは何か』など哲学的なことをテーマにすることもあるだろうし、人生を長く生きた人が考えたほうが重みや深みが増すようなテーマも存在している。『人生をいかに生きるか』、『人間の愚かしさ』などがテーマになっていてもいいかもしれない。

しかし、ライトノベルで同じようなテーマを持ち出してしまっては堅苦しくなってしまい、エンタメ小説としての役割を果たすことができなくなってしまう。何より中高生が自発的に知りたい内容ではなくなってしまう。

あなたは中高生の頃に友達と『人生をいかに生きるか』、『人間の愚かしさ』について語ったことがあるだろうか。そのような経験を持っている人は少ないのではないかと思われる。

深みのある文学的なテーマなのだが、ライトノベルの読者が求めているものとはやや異なってくる。中高生が興味を持つような、もう少しライトなテーマを選びたいところだ。

例えば「友情」「恋愛」などのテーマはいいかもしれない。堅苦しくなく、中高生が共感できそうなものだからだ。友達の悩みや恋愛の悩みなどを抱いた経験がある読者や、今まさに友人や恋人が欲しいと思っている読者もいるかもしれない。

　ただ、そういった中高生の読者の悩みと、それより少し大人になった作者の悩みは、少しだけ違ってくる。そのため、中高生ならではの悩みや興味を発掘していきたいところである。

　ライトノベルを読むだけではなく、街中で聞く会話などを参考にして、彼らの慣れ親しんでいるものを探してみるといいかもしれない。その中からテーマに関するものが浮かび上がってくるだろう。

　とはいえ、「友情」「恋愛」というだけでは漠然とし過ぎている。思春期の悩みというイメージが強いのは確かだが、どの世代でも感じることができるものだとも言える。そこで、時代性を意識して、漠然としたテーマをもう少し限定できるといいかもしれない。

　単に「友情」とするのではなく、どんな友情なのかを考えるわけだ。現代らしくスクールカーストを絡めてもいいだろうし、親との仲が悪い学生同士というのもあるだろうし、あるいは友情の対象を人間以外の生き物とするのもいいかもしれない。そのように、テーマを詳細にして具体性を含ませると、自分が書くべきものが見えやすくなる。

　テーマが必要になるのは現代を舞台にした作品だけではない。ファンタジーなどの異世界や遠い未来の地球を舞台にした物語など、どのような作品でもテーマは求められることになる。

　一度書き始めて失敗したテーマは、別の環境であれば有効に見せることができることもある。いろいろなシチュエーションを使い、さまざまなテーマを用いて試行錯誤してみてほしい。

テーマを膨らませる

＊テーマからプロットを作る

どのようなテーマがいいのか説明はしたのだが、先ほど書いたテーマだけでは何が面白いのかがわからなかったのではないだろうか。それもそのはず、テーマだけでは作品の面白さまでを伝えることは難しいからだ。やはり、小説の重要な要素である、世界観、ストーリー、キャラクターの三つが見えてきて、初めて面白さを感じることができる。

そのような理由で作品を書く前には、テーマとにらめっこしているだけでは執筆の準備はできない。やってほしいことはテーマの肉付けだ。

テーマは作品の背骨のようなもので、方向性を決めるためには考えておくべきだし、面白さの根幹が何かを確認するのにも役立つ。しかし、背骨だけではどんな作品になるのかを完璧に想像することは難しい。

そのため、背骨を中心に世界観、ストーリー、キャラクターの要素を構成してみる。もちろんテーマを意識しつつ、面白さにもこだわってほしい。

テーマをもとに四〇〇字ほどのプロットを作ってもいいのだが、いきなり文字数を増やしてしまうと芯ともいえるテーマが置き去りになって、何を書きたい作品なのかが見えなくなることがある。**まずは、二十字程度でキャッチコピーのようにまとめてみよう。**二十字では、テーマにある内容を具体的にする程度かもしれない。それでもストーリーの一番大きな枠くらいは書けるだろう。テーマを再現させるためにはどう肉付けすればいいのかを考えてみてほしい。

その後は文字数を少しずつ増やしてみよう。初めの文字数は二十字、それから二〇〇字、四〇〇字、八〇〇字と順々に増やしていくのだ。そうすると、書きたいものを見失わずに、エンタメ要素を付加していけるだろう。

＊流用せずに新しく広げる

文字数を増やす際には注意がいる。直前に書いたプロットを流用できないかもしれない点だ。二十字のキャッチコピーを二〇〇字にするのだから、二十字のキャッチコピーをそのまま使い、前後に文章を足すような形でプロットの文字数を増やしたくなるかもしれない。だが、二十字でまとまっているのは、内容を要約したり、枝葉になるようなエピソードを削って表現したりしたからに他ならない。

物語の大事な部分をその二十字に凝縮しているようなイメージなので、その前後に文章を足すとなると、逆に「余計なもの」を付加しただけとなってしまう可能性がある。こういった理由から、直前のプロットをそのまま使うのは都合が悪い場合のほうが多いだろう。面倒かもしれないが、内容を新規で書くつもりでやったほうがいい。

コツとしては、肉付けの要素となる世界観、ストーリー、キャラクターの中でも、特にストーリーの部分を重要視することである。世界観やキャラクターの細かい説明を入れていては、とても字数内に収めることはできない。そういった細かい設定の説明はここでは入れないことにして、ひとまず物語がどのようなストーリー展開になっていくのかを考えてみよう。

　プロットの作成は難易度の高い作業である。初めからうまくいくことはないし、書き慣れていても徐々に文字数を増やしていった経験がある人はそう多くはいないだろう。


まずはプロットの作り方に慣れ、自分のやり方を確立していってもらいたい。もしこの方法で作りにくいと感じたなら、別の方法でもいい。ここで紹介しているのは、作りやすくなる方法のひとつなので、厳格にこだわる必要はないのだ。面白いプロットを作ることを最優先に考えてもらいたい。

テーマを膨らませる——その2

＊世界観を膨らませる

　テーマを膨らませる方法についてさらに踏み込んでみたい。ここではテーマの膨らませ方に関して、世界観、ストーリー、キャラクターの三つに分け、もう少し具体的に見てみよう。

　世界観とテーマを直接結びつけるというやり方は難しそうに思えるが、発想の仕方によっては逆にとても結びつけやすいものになってくる。

　例えば、「恋愛」をテーマに取り上げたとする。一見、恋愛というテーマはストーリーやキャラクターにかかってくる部分が多く、世界観とは結びつけにくいと考えてしまうかもしれない。しかし、「自由な恋愛が禁止され将来結ばれる相手が強制的に決められている世界」という設定にしてみるのはどうだろう。こうすれば、世界観とテーマが直接的に結びついたように感じられるのではないだろうか。**重要なのは、「このテーマは世界観そのものに反映させにくい」と決めつけないことだ。**いかに自由な発想ができるか。それが面白い作品を生み出す際のひとつのポイントとなってくる。世界観と結びつけにくそうなテーマを、あえて結びつけてみる。そうすることによって、それまで自分が思いつかなかったような新たな世界観がイメージできるかもしれない。

＊ストーリーを膨らませる

ストーリーはテーマを表現するのに最も重要なポイントといえる。しかしテーマは決まっていてもストーリーのどこで表現したらいいのかわからない、という人がいる。

特にわかりやすい方法としては、クライマックスでテーマを見せるというやり方がある。クライマックスは物語が最も盛り上がるポイント（誤解している人も多いが、クライマックスとラストシーンは別物である。ＲＰＧでいうならクライマックスはラスボス戦、ラストシーンはその後のエンディング）だ。その最も盛り上がるシーンでテーマを見せる。例えば「友情」をテーマにしたのであれば、このクライマックスシーンで一度決裂した友人と再び手を取り合う、という展開を持ってくれば、盛り上がりとともにテーマを表現することができるだろう。

＊キャラクターを膨らませる

最後にテーマからキャラクターを膨らませる方法について見てみよう。キャラクターと結びつける際に特に意識してほしいのが、キャラクターがそのテーマについて「答えを出す」ということだ。

例えばテーマが「親子関係」であったとしよう。自分の親との間に軋轢を抱えているキャラクターを主人公とする。物語が終わった時、主人公と親の関係が改善されているなど、テーマに対して何らかの答えを見つけ出していてほしいのだ。

これは人間関係だけでなく、世界そのものをテーマにしたような壮大な物語であった場合でも同じことがいえる。世界の仕組みについて疑問に思っていた主人公が、その疑問についての答えを見つけるような形で物語を終わらせてほしいのだ。

疑問と答え――このふたつがうまく表現できれば、テーマとキャラクターをうまく結びつけることができたといえる。

作品としての強度を作る

＊読者の好みを取り入れる

テーマをベースに肉付けしていくやり方のヒントを紹介したので、プロットの文字数を増やしていく方法に話を戻そう。徐々に文字数を増やしていくやり方については紹介をしたのだが、場合によってはそのプロットでは作品の面白さを感じにくいかもしれない。テーマははっきりしており、何が書きたいのかは明確になっていても、それが「興味を惹かれるプロットになっているか」と言われれば疑問を覚える――そういったことも珍しくないからだ。

とはいえ、文字数が少ないのだからそれも仕方がないという見方もできる。肯定してしまうのは簡単だが、それで終わってしまっては面白い作品は生まれない。文字数を増やして、面白さが何処にあるのか、万人に愛されるような作品にするだけの強度を与えていきたい。

プロットを四〇〇字程度まで膨らませたとしても、まだテーマの延長である可能性は高い。ここからの肉付けで意識してほしいのは、読者が面白いと思っているものを増やすことだ。

短い文字数で話を簡潔に伝えるためには、物語の中で起きている事件をいくつか省き、作品の中心となる事件のみの説明にしなければいけなくなる。そうなってくるとテーマははっきりしていても、面白さも削がれてしまうことがある。

文字数を増やす時にやってほしいことは、読者が好むことや面白さを作ることだ。作品の中には背骨とは関係はないが、読者を笑わせたり、キャラクターの面白さを表現したり、男子中高生が喜ぶような少しエッチなシーンが入っていることがあるかもしれない。それらがなくても話は通じるのだが、面白さを増やしてくれるという重要な役割を担っている。もちろん、これらのシーンも入れていきたい。

しかしながら、四〇〇文字のプロットでそれらを入れてしまうと、芯が見えにくくなってしまう。それができるのは、八〇〇文字、一六〇〇文字程度まで増やした時になるだろう。読者をつかめるような場面や面白い場面を入れることも考えていきたい。

＊面白さのスケール

このように要素を詰め込む必要は出てくるが、書きたいシーンばかりでは作品としては成り立たなくなるのも事実。好きな場面を増やしすぎて、テーマを抜き去ってしまった作品では一次選考の通過は難しくなるだろう。そこでプロットにシーンをつける際には、メインであるテーマを損ねないようになっているのかを客観的に見極めながら作業を進めていきたい。

面白さにはスケールに応じたものがある。そのスケールは文字数の制限によって、表現できるものが変わってくる。

キャラクターたちの掛け合いを楽しむもの、話の起伏を楽しむもの、世界観の壮大さを楽しむものなどいろいろとある。これは一度書き上げた自分の作品を読み返して、感じ取ってみてほしい。

そして面白さを見つけたなら、それはプロット、作品のどこで見せるのかを考えてみよう。そうすることで、プロットの中で書くべきもの、作品の中で書くべきものの違いが見えてくるはずだ。

＊読後感にこだわる

1章の『自分が読みたい作品――その2』でも少し触れたが、小説執筆において大事なことのひとつに、「読者が読後にどう思うか」がある。

続編を買ってくれたり、同じ作者の他の本を探してくれたりといったように、読後に満足感があると、シリーズや作家のファンになってくれる可能性がある。読後感＝達成感と思ってもらってもいいだろう。

- **一冊の中で登場人物たちが成長したか**
- **爽快感はあるか**
- **ドキドキ・ワクワクがあるか**

まずは上記を意識してみよう。

そして、「作家性」や「オリジナリティ」、他の作品や作家にない「個性」を出していこう。

・テーマ
・切り口
・味付け

など、読者に読後どんなイメージを残せるか。プロットの段階からぜひこだわってもらいたい。

作品としての強度を作る——その2

＊キャラクターを作りこむ

前項の「面白さ」に関する内容は、ストーリーに関係する部分が中心になっていた。ここではキャラクターと世界観に関する部分を中心に、面白さをプロットに反映する時に考えるべきことについて論じていきたい。それらの注意点をもとにプロットの文字量を八〇〇文字、一六〇〇文字くらいに増やしてみよう。

キャラクターの面白さ……つまり魅力を考える時に意識してほしいのは、その人がどんな人なのかという点だ。ストーリーに影響する部分でいえば、どんな決断ができるのか、どんな行動ができるのか、どんな成長を遂げるのか、どんな活躍をするのか、他の人とどんな関わり方をしているのかを考えるのがいいかもしれない。

これらは初めからそのキャラクターが持っている場合もあれば、ストーリーの進展に合わせて入手する場合もある。「どんな成長を遂げるのか」という部分はその代表といえるかもしれない。キャラクターの設定を決める時だけではなく、プロットを作る時にもキャラクターについて考えなければならない。**キャラクターを作りこむ時には、ストーリーに影響されないように、そのキャラクターになりきって考えてみよう。**「この後ストーリーがどのように展開するのか」といった点を一旦頭の中から排除して、キャラクターが置かれている環境や過去の出来事を考慮し、その状況ではキャラクターがどのように思うのか、どのように動くのかを考えてみるのだ。

そうすることで、プロットにキャラクターらしさが出て、「ストーリーに都合の良いように動いている」感が拭える。キャラクターがはっきりと自分の意思を持って動いているように見えてくるのだ。そのうえで、キャラクターの行動が魅力的になるようにすることも忘れないでほしい。

＊世界観の役割

一方の世界観は、あくまでストーリーとキャラクターが動くための土台である。そのため他の二点よりも少し地味な印象を感じてしまうかもしれない。だが、世界観はキャラクターの行動原理に影響を与えることがある。例えば、悲惨な世界であれば、それをなんとかしようと行動するようなキャラクターもいるだろう。

それ以外にも、ストーリーへの影響はことのほか大きい。**キャラクターたちがどんな能力を使うのか、世界にどんな謎があり、それが人類にどのような影響をもたらしているのか、その世界設定によって主人公が目指すべき目的ができる場合もあるだろう。**ストーリーやキャラクターの根幹にもなる部分なので、読者に魅力を紹介できるように設定を練ってみよう。

プロットにストーリーが与える影響は大きい。ストーリーを中心にしただけでもプロットは書けてしまうだろう。だからこそ、キャラクターや世界観は意図的に入れ込まないと、作品に反映できないままになってしまうかもしれない。

それ故に、キャラクターや世界観が作品に与える面白さには敏感になっておきたい。プロットを作る時にはキャラクターや世界観が作品に与える面白さを考えながら、積極的に反映するようにしたい。

書いておきたい内容

＊起承転結でテーマの確認

ここではプロットに書いておきたい内容を紹介しておく。これを読んでプロットを作成する時に反映してもらうだけでなく、プロットを書き終えた際の見直しやチェックとしても使ってほしい。

まず、作品のテーマがあるのかを確認しておこう。一番言いたいことがなければ、作品を書く意味はないといっても過言ではない。新人賞などの選考を通過するには必要なものであることはもちろん、作品を読む人に何かを感じてもらうためには必要不可欠なものとなる。いの一番にテーマがあるのかを確認したい。

ここまでの説明を実践しているならば、プロットを作る時、テーマをベースにして文字数を増やすだろうから、背骨が残る可能性は高い。しかし背骨の残し方がずれていれば、それは難しいかもしれない。うまく背骨を残すには、起承転結をつけてみよう。

テーマを再現するように二十字程度のストーリーを作った後、二〇〇字のプロットに肉付けするだろう。その内容を起承転結に分けてみるのだ。その後、起承転結に分けたものからテーマが読み取れるようになっているのかを確認してみよう。

例えば、「友情の大切さ」をテーマにするとしよう。「起」「承」では主人公の友達観や見せかけの友達がいることを示すことになるだろう。「転」ではそれまでの価値観を壊すような事件が起きるかもしれない。彼が金持ちだったから集まっていた友達が、お金がなくなると同時に消える状況になるようなことが考えられる。その後の「結」では金を失っても傍にいてくれる人間が本当の友人だと思うかもしれない。また、その友人のために今度は主人公が動くような展開もあり得る。

このように起承転結のどの部分でもテーマがはっきりしていれば、長編小説を書く時にもテーマが損なわれなくなるだろう。

＊事件は解決しているか

テーマの確認と関連して、起こした事件がきちんと解決しているかという部分についても見ておきたい。テーマが表現できているかどうかは、事件の解決の流れに大きく関わっていることが多い。

先の「友情の大切さ」をテーマにした例で言うなら、事件はお金がなくなり友達がいなくなることだ。そして、本当の友人に気付く部分が解決にあたる。この一連の流れで、読者は誰でもテーマを汲み取ることができるだろう。

このように、**事件が解決して良い方向に向かうという流れの中で、テーマは表現されやすい**。そのため、事件がきちんと解決していないとテーマの表現も不十分な可能性があるのだ。

この例でいえば、金を失った後に誰も友人が残らないままエンディングを迎えるような展開だと、事件が解決されていないことになる。それだと主人公は結局「友情の大切さ」に気付けないままなので、テーマが表現されていないということだ。

また事件以外にも、キャラクターが抱えていた不満などが放置されたままになっていると、読者にももやもやしたものが残ってしまう。取りこぼしがないか、しっかりとチェックしよう。

書いておきたい内容——その2

＊キャラクター同士の関係性

プロットを作る前には、キャラクターの情報もまとめておいてほしい。その時には、名前や性別など基本的なことだけではなく、その人の過去などをまとめておくといいだろう。キャラクターについての詳細は後述するので、詳しくはその項を参照してもらいたい。

キャラクターの設定を考える時、単体で考えることが多い。複数人のキャラクターが登場していても、一人一人を単独で考えることになるだろう。確かにそのほうが考えやすく、また一人ひとりの設定を詳細に作りこむことができるのだが、一方で他のキャラクターとの関係が見えにくくなることも多いように感じる。

ライトノベルに限らず、小説作品にはキャラクターが単独で登場することは稀である。複数人のキャラクターのやりとりを見せることが多い。特にライトノベルではそれが顕著ではないだろうか。キャラクター同士のかけ合いや関係性の変化などによって話が動いていく部分が大きいからだ。

プロットを書く際には、このキャラクター同士の関係性という部分もしっかりと伝わるようにしたい。関係性と簡潔に表現しているが、さまざまなものがある。親子関係、友達、恋人といったものだ。

まずは、このような**一言で表せる関係性の設定を意識してみよう。**選ぶのはどれでもいいのだが、ライトノベルの読者層は意識しておいてほしい。

例えば、不倫関係にある男女を使ったとしても、その気持ちがわかる読者はほとんどいないだろう。読者層が関心や共感を抱けるものを選択したい。選んだうえで関係性を変化させることも意識してほしい。

作品の始まりではただのクラスメイトであった二人が、同じ部活動に所属したことがきっかけで恋が芽生えていくというような話は、ライトノベルに限らずマンガやドラマなどでもよく見られる関係性である。このように作品の中でどのように変化するのかをプロットの中で表現するのだ。

とはいっても、二十文字、四〇〇文字程度のプロットであれば大きな方向性しか示せないはずだ。しかし、そのような大きな方向性だけでかまわない。実際にどのようなエピソードがあって二人が接近していくのかといった部分は、**プロットでは書ききることはできない。なので、プロットの中では「変化がある」というのが見て取れればそれで十分だ。**それがあるかないかで作品を読んだ時に受ける印象は大きく変わってくる。

＊すれ違いや衝突を引き起こす

キャラクターの関係性は良い変化ばかりではない。主人公とヒロインの恋愛を描く作品だからといって、常に二人が仲良くなる方向へのみ話が進んでいるわけではない。長い作品の中では、両者が仲違いをしたり、他の異性に目を奪われてしまったりすることもあるかもしれない。中にはそのようなシーンを見て、やきもきした人もいるのではないだろうか。

そのやきもきはキャラクターへの感情移入であったり、二人の恋愛がうまくいくのかのハラハラであったり、キャラクターの不甲斐なさへの憤りだったりとさまざまだが、共通して言えるのは読者の感情を揺さぶっているということだ。

そういった感情の変化を引き起こせるように、プロットに起伏を作っていってもらいたいのだ。キャラクターたちの気持ちがすれ違うようなシーンは、プロットを書く段階ではむしろ「徐々に関係が良くなっていく」という情報よりも重要になってくる。**「だんだんと二人の仲が接近し、恋が実る」だけの作品よりも、「些細なことから衝突してすれ違ったが、それを乗り越えて恋が実る」作品のほうが、面白いと感じられるのは間違いない**だろう。

最終的に良い関係になるとしても、そこに至るまでにどのような困難があるか。そのシーンをプロットに入れ込んでおくことで、読者の惹かれる要素がぐっと増えることになる。

書いておきたい内容——その3

プロットを書く時には、「役割」についても考えてほしい。ここでいう役割というのは、世界設定やキャラクターについてのものだ。これだけではわかってもらえないと思うので、具体例を示そうと思う。

＊世界設定の役割

世界設定に「魔法が使える世界」という設定を入れたとしよう。その世界の人々は、我々が科学技術の恩恵を受けるのと同様に魔法を使う。煮炊きに炎の魔法を使ったり、食べ物の冷蔵には氷の魔法を利用したりするといったところだ。

そのような設定でありながら、登場人物たちはサッカーに似たスポーツに夢中になっており、作品を通してその上達を描いたものになってしまえば、世界観を作った意味は失われてしまうのではないだろうか。このストーリーならば、現実世界を舞台にしても問題ないからだ。

世界設定を一から作った以上は、その設定を生かすようなストーリーを考えたい。**完成したプロットを読み返して、他の世界では描けない物語や、起きない事件などが用意できているのかを確認してみよう。**もし、それらがないようであれば、その世界を舞台にするメリットがないということになる。

世界設定自体に独創性をつけたり、ストーリーの修正を行ったりしていこう。

＊キャラクターの役割

キャラクターについていえば、**ただ登場しているだけのキャラクターがいないかどうかを確認してみよう。**村人など、モブキャラクターとして描くのであれば問題ないのだが、主要キャラクターの中にそのような人物がいないのかを確認してもらいたい。

例えば、作中に登場しているのだが、プロットを書いている時に名前がほとんど登場しないキャラクターがそれにあたる。主人公と話をすることはあっても、彼または彼女の存在がストーリーへ与える影響が何もないような人物だ。

主人公としゃべることも役割だと考える人もいるかもしれないが、ただしゃべるだけではその魅力を読者に伝えるのは難しい。主人公が変わるきっかけになったり、主人公の足をひっぱったり、どこかで主人公とストーリーに影響を与えるようなキャラクターでなければ、主要キャラとしての役割を果たしているとは言い難いだろう。

またありがちなのが、常に行動をともにしているようなキャラクターだ。といっても、行動をともにすること自体が悪いのではない。問題なのは、「そのキャラクターにしか果たせない役割」を持っていないキャラクターがいるということだ。

例えば、運動神経の良い主人公と頭脳派の親友という設定にして、二人が閉じ込められた洋館からの脱出を図るような話にしてみる。これなら、二人が常に行動をともにすることになろうとも、お互いの得意分野が異なるので、それぞれのキャラクターがしっかりと役割を持っている形になる。

しかしこれがどちらも頭脳派であったり、どちらにもこれといった特技がなかったりするようであれば、キャラクターをわざわざ二人用意する必要がない。主人公が一人で洋館から脱出しようとする話、でもストーリーが出来上がってしまうわけだ。

ただし、これまでに述べてきたような役割を意識しすぎるのも問題だ。キャラクターが自分の意思で動かず、ストーリーを成立させるために存在する都合のいい存在になってしまうことがある。行動させるのはいいが、きちんと理由を考えてキャラクターも生きている人間であることを意識しておきたい。

これまでプロットを書いてきて、役割を意識することは少なかったかもしれない。しかし、**人気作の多くはキャラクターに大なり小なりの役割が用意されており、生き生きとしている**ように思われる。初めはうまくできないかもしれないが、キャラクター個人とストーリーへの影響のバランスを考えていくきっかけになれば幸いである。

要約の練習方法

＊映画を要約しよう

物語をプロットの形でまとめるための練習方法も紹介しておこう。まずひとつめは、**自分が得意な小説ジャンル以外の映画を、結末まで八〇〇字で要約してみる**という方法だ。

そうするとどうしても自分の好みの映画を選びたくなってしまうところだが、似たような方向性の映画ばかりではなく、古今東西、さまざまな映画でやってみてほしい。その際に気をつけるのは、

プロットチェックシート

	ストーリー
□	きちんと結末まで書けているか
□	作品のテーマは決まっているか
□	クライマックスで盛り上がるようになっているか
□	読後感は良いか
□	起承転結は作れているか
□	事件は解決しているか

	世界観
□	世界設定を活かしたストーリーになっているか
□	世界観はキャラクターに影響を与えているか
□	独創性のある世界観になっているか

	キャラクター
□	キャラクターは成長を遂げているか
□	ストーリーに都合の良い言動をとっていないか
□	キャラクターの情報はまとめられているか
□	キャラクター同士の関係性は設定できているか
□	キャラクター同士の関係性の変化は描けているか
□	各々がきちんと役割を持っているか

・舞台背景
・その作品の特徴
・キャラクターの魅力

をきちんと盛り込むことである。上記三点を入れ込みコンパクトに要約することで、その映画の何が面白いかを単純化することができる。

可能であれば、自分の言葉で四〇〇字の感想も書いてみよう。焦らずに三、四年間で一〇〇本ほど、有名作品を中心にやってみよう。一〇〇本やった後は、年に二十本ぐらいで大丈夫だ。映画ではなく舞台やミュージカルでもかまわない。

この練習をすることによって、物語をまとめる力が身につくだけでなく、パターンの把握にも役立つはずだ。

＊アニメを要約してみる

映画だけでなく、アニメの要約でもかまわない。昨今は深夜アニメが数多く放送されており、二期や三期と長期に渡って放送される作品も少なくない。そんなアニメだが、1クール十二回や2クール二十四回の内容を要約してみると、物語の骨子がわかってくる。

・アニメのあらすじを四〇〇字と二二〇〇字でまとめる
・アニメの主要キャラクターを八〇〇字でまとめる。そのアニメの放送期間にどういう変化（立場、

心持ちなど）があったかも書く

十二回、二十四回というロングスパンで起きたことを要約し、必要なことだけを取り出すことで、そのアニメのポイントが見えてくる。この二つの項目の要約を、十作品ぐらい行ってみるといいだろう。そうすると、

- **物語の面白いポイント**
- **物語パターン**
- **キャラクターの魅力と成長**

が見えてくる。ぜひやってみてほしい。

＊源氏物語をノベライズする

もうひとつ、要約の練習に使ってみてほしい題材を紹介しておこう。それは、日本を代表する古典文学である源氏物語だ。

個性的なキャラクターが数多く登場する、膨大な分量のこの物語を、四〇〇字詰め原稿用紙六〇〇枚ぐらいでまとめてみよう。

- **主人公を誰にするか**

・伝奇よりにするか

といった大枠から、登場人物の取捨選択まで、やることはいろいろある。

まったく新しいキャラクターを登場させて、狂言回しにするのもいいかもしれない。意外な手法としては、歴史ミステリーの手法をとって、源氏物語に類する事件が現代に起こるという話もありだ。

「今書く作品がない」「アイディアに詰まっている」という時に、古典作品のノベライズはとても有効だ。

ただ、平安時代独特のルールもあるので、平安時代の入門書を読んでからのほうがいいかと思われる。そのほうが、時代感を掴むこともできる。

そもそもとして、源氏物語をきちんと読んだことがないという人もいるだろう。今は文庫一冊で概要がわかる本も出ているので、まずはそちらから読んでみるといいだろう。

第5章 キャラクターの魅力はありますか？

CHAPTER 5

魅力的で個性的なキャラクターを作るのは簡単ではない。しかしキャラクターを作るうえで踏まえておくべきポイントはいくつか存在する。まずはそれをしっかりと把握したうえで、自分なりの「魅力」を考えてみる。

共感

＊ふたつの要素の共存

魅力的なキャラクターは、その存在だけで作品の武器になる。ここからは魅力的なキャラクターを書くためにどんなことを考えていけばいいのか、そのヒントになりそうなことを紹介していきたい。

ここでひとつ質問をしてみよう。作品を読んでいる時にキャラクターに何を感じるだろうか。例えば現代ファンタジーにおける主人公を見てみよう。

現代ファンタジーとは、現代日本を舞台にしながらも異能力やバトルなどのファンタジックな要素を盛り込んだ作品のことだが、そういった作品に登場する主人公の多くは普通に学校へ通い、何の変哲もない日常を送っている。そのような日常シーンが描かれている一方で、戦闘シーンなどのいざという時に活躍したり、誰にも持ってない能力を使えたりする。

前者の日常シーンは読者にとっても身近なものであるため、共感をもたらすことができる。その反面、後者の非日常的なシーンは読者に「こんな風に戦ってみたい」「こんな能力を使ってみたい」といったような、憧れを抱いてもらえる要素になってくる。

ここでは現代ファンタジーを例にしたが、この**共感と憧れという要素はジャンルを問わずどんな作品の主人公にも求められる**ものである。このふたつの要素が入っているかそうでないかで、主人公の魅力は大きく変わってくる。どちらも良い作品を作るうえで必要なものだ。まずは、共感という要素についてクローズアップしていきたい。

＊弱点が共感に繋がる

では、キャラクターへの共感はなぜ、必要になってくるのだろう。共感に関わる要素は一見すると、不要にも思える。どこにでもいるようなキャラクターではなく、なんでもできるキャラクターを登場させたほうがいいと思う人もいるのではないだろうか。しかし、そのような**完全無欠のヒーローではなく、歳相応の等身大のキャラクターのほうが、読者は親しみを抱きやすく話に入りやすくなる。**

この共感の根本にあるのは、キャラクターの弱点である。優柔不断であったり、覇気がなかったりという一面なのだが、読者はその一面に自分と同じ部分を見つけるのである。それが感情移入へとつながっていき、物語への入り易さへと続いていく。

こういった弱点が全く入っていなければ、完璧なキャラクターになってしまう。悩みもなければ、困っていることもない。何かピンチが起きても感情を揺さぶられることなく、淡々と物事を解決してしまう。それでは人間味も失われてしまうし、親しみを感じられないキャラクターが出来上がってしまう。

そして共感というのは、主人公への感情移入に深く関わってくる。誰しも、自分が共感を覚えたキャラクターへの思い入れは深くなるだろう。そして感情移入してもらえれば、それだけ作品にも強くのめり込んでもらうことができる。

気をつけたいのは弱点のバランスである。もし、弱点の要素が強すぎると、何もできない魅力のないキャラクターになってしまう。「俺はこいつほど酷くはないな」「こいつ最低だな」と読者に思われてしまうようでは、共感という感情は望めない。印象が悪くなりすぎない程度の弱点を用意したい。

憧れ

＊特技や長所

共感は大事な要素なのだが、キャラクターにそれしか用意されていなければ、主人公が普通の人間すぎてキャラクターとしての個性が弱かったり、ストーリーが読者の日常と何ら変わらないものになってしまったりする可能性が高い。

そのために必要となるのが、キャラクターが読者にはできないことをやる部分、すなわち「憧れ」に相当する要素である。これを付加することで、キャラクターやストーリーは「普通」や「日常」を脱し、フィクションならではの魅力で読者を惹きつけるのだ。

「憧れ」を作るには、キャラクターの特技や長所を考えるといいだろう。炎や氷などを魔法のように生み出す力や、現実ではあり得ない速度で動く能力、あるいはいざという時に危険を顧みず誰かを助けられる優しさかもしれない。読者がこうしたい、ああしたいと思いながらできないことをやってのける様子が、羨望の眼差しで見られるわけだ。また、キャラクターの活躍を自分と重ねて楽しむこともできる。

＊要素の共存が大事

共感の時と同様に、こちらもバランスに気をつけなければいけない。憧れの要素が強くなると、なんでもできるキャラクターになってしまう。先述したように、どんな問題もたちまちのうちに解決し、苦労も頑張りもなく事件を解決してしまうようなキャラクターが主人公では、読者はキャラクターに自分を投影できなくなってしまう。またストーリーに起伏も生まれにくくなるだろう。それではキャラクターやストーリーの面白さは伝わりにくくなってしまう。反対にこの要素が弱すぎると、とびきりの活躍や驚くような展開は期待できなくなるだろう。

あらゆることを難なくこなせてしまうクールな人物――そんなキャラクターを主人公にするにしても、どこかに前項で述べたような「共感」の要素を入れてほしいのだ。例えば仲間などの特定の人物に危険が及んだ時のみ取り乱したり、過去にトラウマを抱えていたりといった風にすると、完璧な中に人間らしさが見えて、ぐっと好感度が上がる。

要するに、**共感と憧れの要素をうまく共存させることが大切**なのだ。どちらも読者をキャラクターに釘付けにするためには必要な要素となってくる。しかしながら、そのバランスは意外と難しい。既刊作品のキャラクターを分析するなどして、魅力的なバランスを研究していってもらいたい。

＊歴史上の人物を小説にしてみる

キャラクター作りを追求していくうえで、勉強になることがある。それは、実在の人物を自分なりにライトノベル仕立てにしてみることだ。

できれば、わかりやすい伝記が数冊発売されているような人物がいいだろう。それだけ有名であるということだ。

その中から、まずは自分が共感できたり憧れたりする人物を探してみてほしい。そしてその人物に関する本をいくつか読んでみて、テーマを決めよう。

単に人生を順々に綴っても面白くはならない。目立つところや派手なところ、共感されそうな部分をメインにページ構成を考えてみるのだ。資料がある分、一から物事を考えるよりは遥かに楽である。

例えば日本の歴史上の人物だと、江戸幕府初代将軍の徳川家康を「忍耐」のエピソードを中心に「耐えた末に天下をとった偉人」として描くような構想を練ってみる、という風に。

有名な人物はある程度の人柄もわかるので、キャラクター作りも土台が出来上がっている。事件だけではなくおちゃめなエピソードが残っている人物もいるので、そこからさらにキャラクター性を広げてみることもできる。

このようにして、文庫などで手軽に調べられる人物を中心に、自分なりにライトノベル風に考え、その主人公（あるいは主人公から見た重要キャラクターという位置づけでも面白いかもしれない）として描かれるその人物を想像してみよう。

世の中には「かっこよさ」と「かわいさ」が溢れる

＊万人が同じポイントを好むわけではない

近年、さまざまな場面で「キャラクター」を見る機会が増えたように感じる。ライトノベルやマンガなどの作品はもちろん、ゆるキャラと呼ばれるマスコットなどの台頭。スマホゲームなどもアニメ調のイラストを使ったものが多く、毎日何がしかの形でキャラクターを見ている人も多いのではないだろうか。

いろいろなキャラクターがあるからこそ、差別化を図ることが重要になってきている。もっとも、ゆるキャラとライトノベルのキャラクターが重複することはないのだが、**キャラクターが溢れている現代だからこそ、多くの人はそれに対して目が肥えている。**だからこそキャラクターの魅力にはこだわったほうがいい。

多くのライトノベルでは、主人公には「かっこよさ」が、ヒロインには「かわいさ」が求められる。それは作家志望者の多くが心得ていることではないかと思う。まずは「かっこよさ」と「かわいさ」という、オーソドックスな部分から考えていくのがいいだろう。

ところが、専門学校で学生たちの作品を見ると、「かっこよさ」と「かわいさ」が漠然としているように感じることがある。そんな時、私は『「誰が見てもかわいい」女の子は存在しない』とアドバイスしている。

「かわいさ」にはいろいろなものが該当する。子供や赤ちゃんのようなかわいさもあれば、ツンデレのようなかわいさもある。あるいは無口な女の子が時折見せる笑顔をかわいいと感じる人もいるだろうし、いつも強気な女の子がたまたま見せた弱さをかわいいと感じる人もいるだろう。

「かわいい」という表現は「こうすれば絶対にかわいいキャラクターになる」と一概に言えるものではない。「かわいい」と感じる要素は人によって異なるからだ。その中で、どんな「かわいさ」を表現したいのか、読者にどのようなキャラクターだと思ってほしいのかを考えてみなければならない。

世の中にいろいろな「かっこよさ」や「かわいさ」がある中で、自分がかっこいい、かわいいと思うキャラクターや場面を考えてみよう。そうすることで、キャラクターの持つかっこよさやかわいさはあなたにしか描けないものになっていくだろう。

世の中には「かっこよさ」と「かわいさ」が溢れる——その2

＊どんな印象を与えたいか

キャラクターを考える時に意識してほしいのは、そのキャラクターをどう見せたいのかという点だ。前項では「かっこよさ」と「かわいさ」に焦点を絞ったが、ここではもう少しさまざまなキャラクター像を見ていきたい。

あなたが誰かに初めて出会った時、何らかの第一印象を抱くだろう。「気さく」や「天然」、あるいは「冷徹」「弱気」など、性格を表現する単語はいくらでもある。

キャラクターをイラストで見たり、活字で読んだりした時にも同じように第一印象を持つことがあるはずだ。「かっこよさ」や「かわいさ」だけではなく、人間と会った時と同じように何らかの気持ちを抱くはずだ。それは作者によって、そう見えるように考え抜かれた結果なのである。そのことは、作品を書く前にも意識しておいてほしい。

まずはキャラクターをどう見せたいのかを決めてみよう。**読者に一番印象付けたい性格を決め、それをベースにして細かいキャラクター像を作っていく**のがいいだろう。

キャラクターの設定は、実在の人物とはやや異なる。例えば、細かいことに気を取られないおおらかな性格の人物を見て、ある人は「明るい」と認識するかもしれないが、また別の人は「いい加減」と認識するかもしれない。人間にはいろいろな一面があり、どこを見るのか、どこに注目するのかによって人間の印象は大きく変わってくる。

だが、ライトノベルのキャラクターはそうであっては困る。いろいろな一面があってしかるべきなのだが、一番印象付けたい部分がはっきりしていなければ、キャラクター性や個性が見えにくくなってしまうのだ。

＊性格を作り込む

それらのことを踏まえて、キャラクターを作る時にはどんな風にそのキャラクターを見せたいのか考えるところから始めよう。**何も考えずにいろいろな特徴を持たせていくと、結果的にどの特徴も中途半端で印象の薄いキャラクターになってしまう。**のちのちにギャップが見えてくるようなキャラクターにするのはＯＫなのだが、ギャップを感じさせるためにはその前提として「このキャラクターはこういう性格だ」というはっきりとしたイメージを読者に植え付けておかなければならない。**まずはどこか一点を強く見せることを意識して、そこから作り込んでいこう。**

例えば、「明るい」キャラクターだと決めたのであれば、それに従って情報を決めていく。ずっと昔から今と同じような性格なのだろうか、違うとしたら何があって今の性格になったのだろうか。また服装や趣味はどうだろう、性格に沿ったものになっているだろうか……など、思いつく範囲でいいので、そのキャラクターがどんな人物なのかを紹介するつもりで情報を盛り込んでみよう。

それらの項目を一通り出し終ったら、見直しをしてみてもらいたい。そして、読者の目線に立ってそのキャラクターを見てみよう。作者の中ではキャラクターのイメージが固まってきただろうが、客観的に見てそのイメージが伝わるようになっているだろうか。

またキャラクターは、最終的には読者に気に入ってもらわなければならない。作者の立場からすれば、どのようなキャラクターであっても思い入れがあるだろう。しかし読者はそうではない。客観的にそのキャラクターを見つめ直すことで、好感が抱けるかどうかを冷静に考えてみてほしい。

＊嫌な言動にも理由がある

読者に気に入ってもらうといっても、キャラクターの全員が全員「良い人」であるはずはないだろう。現実でも、親切にしてもらって嬉しくなることもあれば、腹が立ったり傷つけられたりすることもある。

ここで考えてほしいのは、その嫌な言動をしてきた張本人が、何故そうしたのかということだ。

性格を作り込む

キャラクターの中で一番強い印象をもってほしい要素を決めたら、そこから性格を作り込んでいく。

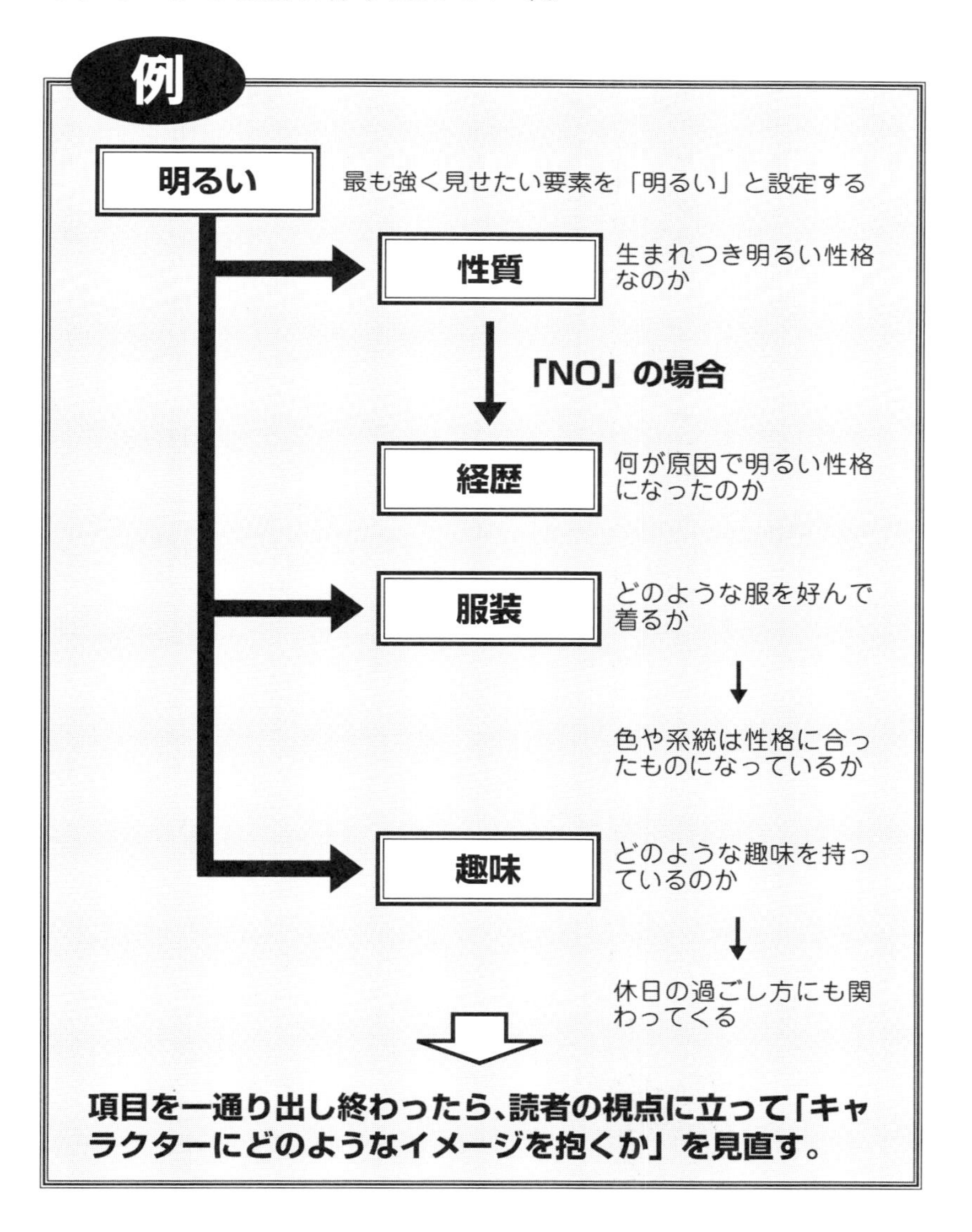

・電車でドアが閉まりかけているのに傘や荷物を入れて強引に扉を開ける
・コンビニの雑誌コーナーで何時間も立ち読みを続ける客

こういった迷惑行為に遭遇することもあるだろう。しかし、その行動の裏には何らかの理由があるはずだ。閉まりかけている電車の扉を強引に開ける人は、どうしても急がなければならない用事があったのかもしれないし、コンビニでひたすら立ち読みを続ける客は、逆に時間を潰さなければならない理由があったのかもしれない。

日常生活で嫌だなぁと思うことがあったら、それをただ「嫌」で済ませてしまうのではなく、「どうしてそうなったんだろう?」と考えてみてほしい。そこを突き詰めることによって、どんな行動にも意味があることがわかり、「嫌なキャラクター」を作る時にも何故そうした言動をとるのかという部分について思考を巡らせることができる。

現実とフィクションの違い

＊役割の意味

4章の最後でキャラクターの役割について触れたが、ここではその「役割」を現実とフィクションの違いという観点から掘り下げてみる。

人間は多くの場面で役割を持っている。家庭においては親、子供。兄弟がいれば、兄や姉、弟や妹という役割を持つだろう。親に「お姉ちゃんなんだからちゃんとしなさい」だとか、「弟なんだからお兄ちゃんの言うことを聞きなさい」などといわれた経験がある人もいるだろう。それぞれの立場によって、求められている役割は違ってくる。年上であれば年下を助けるような役割が求められるし、年下が目上の人を敬い、言いつけを守ることが求められるかもしれない。

それは家庭という枠にとどまらない。学校へ行けば生徒という役割を持つだろうし、生徒会や委員会、部活動などに所属していれば、それに応じた役割を求められることになる。

さらには、友人同士でも役割を作っていることがあるかもしれない。食事会をする際に幹事を務める機会が多い人もいるだろうし、大皿の料理をとりわける役回りが多い人、好き勝手動いて注意されることが多い人、それをたしなめる人などいろいろな役割を持っているのではないだろうか。

現実での役割はそのようなものだが、フィクションになるともちろんそれだけでは足りない。**物語に影響を与えるという役割が必要**になってくる。

＊フィクションにおける役割

例えば「敵」ポジションのキャラクターは、明確に物語に影響を与えてくる存在だ。敵がいるから戦いが起こり、主人公がそれを倒そうとし、物語が動いていく。

しかしこれが「親友」「兄弟」「恋人」などのポジションだと、物語に影響を与えないまま終わってしまうことが珍しくない。現実世界で考えれば、いずれもごく親しい間柄を示す時に使われる役割の呼称だ。実際に生きている中で、そういった関係性の人物がいるとすれば、多くの影響を与えてもらっているだろう。

しかしフィクションだと、その役割だけでは弱い。その呼称で表す以外にも、**はっきりと物語に関わりストーリーを動かすという役割**が求められる。**人間関係の「役割」だけでなく、作品における「役割」が必要だ**ということだ。

その役割がなければ、それはモブキャラクターと同じになってしまう。主役となるキャラクターの周りにそんなキャラクターばかりが配置されていては面白い作品になるとは思えない。キャラクターの役割を意識してみよう。

恋か仕事か

＊魅力を伝えるために行動させる

魅力的なキャラクターが作れたとしても、設定だけでは読者にはその魅力は伝わらない。設定をキャラクターの行動に落とし込んで初めて、読み手はそのキャラクターを知ることができるし、魅力を感じられるからだ。

反対に言えば、**キャラクターの魅力を感じさせるために、キャラクターに行動をさせなければならない。**キャラクターに見合った目標などを作って、それに向かって動かすといいだろう。

それ以外に考えてみてほしいのは事件だ。**事件というのは、キャラクターの感情や心情を揺さぶる**

出来事とここでは定義しておきたい。
事件が起きることでキャラクターの日常は一変する。悪くなることもあれば、良くなることもある。いずれにしても、キャラクターには考えたり、悩んだりして、成長するきっかけが与えられることになるだろう。

＊事件を経て成長する

その状況として**一番わかりやすいのは「主要キャラクターが死ぬ」こと**だろう。多くのキャラクターが悲しみ、主人公の気持ちは揺れ動く。時にはその死によって、主人公が挫折しそうになるかもしれない。しかし、やがてそれを乗り越えて前に進む。その過程の中で、主人公は成長する。

師が亡くなれば、主人公が独り立ちをしたり、師が成し得なかった偉業に挑むきっかけができたりするかもしれない。友人が亡くなれば、彼の意志を継いで何かを目指すことになったり、復讐に執念を燃やすことになったりする場合もあるだろう。

いずれの場合にしても、そこには葛藤や悩みがあり、それを乗り越える過程を描かなくてはならない。

もちろん、成長を描くことはそれ以外のシチュエーションでもできるのだが、より劇的でインパクトがあるのは事件を挟んだ時だ。また読者に「この辺りから主人公が成長した」という強い印象を与えるためにも、事件を経ての成長を描いたほうが効果的といえる。

ただ、だからといって**主要キャラクターをやみくもに死なせればいいというわけではない**ことを覚えておこう。あまりにもキャラクターを死なせてしまうと、ひとつひとつの死が軽々しくなってしまい、またパターン化することによって事件としての役割も薄くなってしまう。読者にしても、キャラクターが死ぬ展開が何度も続くようであれば「死なせればいいと思っているな」「またお涙頂戴の展開か」とシラけた目で見られることになる。**キャラクターを死なせる＝面白くなる、ということではなく、それが主人公にとってどのような影響を与えるのかをよく考えるようにしよう。**

＊キャラクターによって選択肢は変わる

事件を使うことのメリットは他にもある。先述の「キャラクターが死ぬ」パターンでは見せにくいのだが、キャラクターの個性を見せるきっかけにもなるからだ。

例えば、恋人の海外赴任が決まり、ついてきてほしいと言われた女性のパターンで考えてみてほしい。その女性は長年の夢を叶え、ずっと就きたかった仕事をして充実した毎日を送っているものとする。この場合、女性は恋人と結婚して彼についていく選択肢もあるが、仕事を選んで一人になるという選択肢もある。

今まで自分が考えてきたキャラクターなら、どの選択肢を選ぶだろうか。おそらく、全員が全員同じ選択肢を選ぶということはありえないだろう。もしそうなったとしたら、それはキャラクターの個性が全く作れておらず、全員同じような性格になっているということになる。

一秒も悩むことなく恋人についていくという決断をしたキャラクターであれば、何よりも恋愛が大事で、愛さえあれば他には何もいらないという考えの人物なのかもしれない。逆にせっかく叶った夢を手放すことができず、恋人と別れるという決断を下すキャラクターもいるだろう。

また自分の人生を大きく左右する決断の場なので、すぐには答えを出せないというキャラクターもいるはずだ。決断を下すまでにはいろいろと苦悩することになるだろう。そして、その決断に至るまでにキャラクターが見たこと、感じたことは選択の内容にも影響を与えるので、読者も一緒になって悩んだり苦しんだりすることになる。そうしてキャラクターと同じように考えることによって、読者はこの先の決断を見守りたいと思うようになる。

このように**大きな決断を迫られるシチュエーションを用意し、それに対してキャラクターがどう行動するかを見せることで、その人物像はより明確になる。**もしこの決断を迫られたのが他のキャラクターならどの選択肢を選ぶか、といったような「もしも」を考えてみるのも面白いだろう。

恋か仕事か――その2

＊盛り上げるために悩ませる

事件を経ることでキャラクターを見せることについては前項で書かせていただいたので、ここでは先ほど省略した、決断するまでに至った過程のほうに注目していきたい。キャラクターを見せるために考えてみるといいことを紹介していこう。

サンプルとして、引き続き「恋人の海外赴任が決まり、結婚してついていくか、仕事を選んで一人になるかの選択を迫られた女性」というシチュエーションに当てはめて、もう一度考えてみたい。どの選択肢を、どのくらいの時間をかけて選ぶかはキャラクターによって大きく異なるところだが、これをひとつの大きな山場となるシーンとして考えるなら、やはり悩んだうえでの決断がふさわしい。

全く悩まずの決断、というのもキャラクター性を見せるにあたっては有りなのだが、シーンとして盛り上がるかと言われれば否だ。**ストーリーとしての山場を作りたいと考えるなら、どちらの選択肢を選ぶのかわからないドキドキ感を読者に与えたい。**あらかじめ「こっちを選ぶに違いない」と確実に予想できてしまうような流れでは、読者はドキドキできない。どちらの選択肢も選びそうだからこそ、読者もキャラクター同様に悩み、そして緊張感を持って見守ることができるのだ。

以上のことを踏まえたうえで、選択を迫られたキャラクターがどういった悩みを持ち、どういった判断材料を得て決断に至るのか、といった部分を見ていこう。

＊キャラクターの視点に立つ

まずは**キャラクターの視点に立った状態で、その人物が今見ている光景を思い描いてみる**といいだろう。選択肢のひとつとなっている仕事は現在どのような状況なのだろうか。キャリアや仕事上の問題、人間関係など、会社での立場なども踏まえて考えてみるのだ。仕事のミスを指摘されて落ち込んでいる、社内で出世が検討されているといったこともあるかもしれない。

またもうひとつの選択肢である結婚については、キャラクターの家庭に対する考えについても無視できない。キャラクター自身が家族についてどう思っているのか……家族団欒に憧れを持っているのか、家族を持つことについてはどう考えているのかといった家族観や結婚観に関して、考えをまとめてみるといいだろう。

それから、そのキャラクターの家族が結婚についてどう思っているのかというのも重要な部分だ。一刻も早く結婚してほしいと思っているのか、国内での結婚を望んでいるのか。結婚というものが当人同士だけの問題ではない分、家族の存在も考慮したい。

それ以外にも、友達に子供が生まれて幸せそうな姿を見たり、身近な人が夫婦生活に悩んでいる場面を描いたりしてもいいかもしれない。そうすることで、キャラクターが決断する材料になる。

＊過去にも注目する

これまではキャラクターの現在に注目していたが、「過去に何があったか」という部分も重要な判断材料のひとつになってくるだろう。かつて同じような選択をして後悔している、幼い頃に自分の両親が離婚しているのが原因で結婚を敬遠している、など、キャラクターが過去に経験したことがきっかけとなって、現在の判断に影響を及ぼす可能性も充分に考えられる。

こういった影響を考慮するうえで気にしなければいけないのは、その過去の出来事を読者にも見せることだ。シーンとして用意してもいいし、セリフや地の文での説明があってもいい。いずれにしても、そういった過去の出来事の説明がなければ、読者にとってはキャラクターが何を判断材料にしているのかがわからなくなってしまう。逆にシーンとして見せたり説明があったりすることで、読者はキャラクターの判断により理解を示してくれるのだ。

さて、ここまで恋か仕事かを選択しなければいけない状況におけるキャラクターの判断というものを見てきたが、あくまでこれは例である。実際に小説を書く際には、そのストーリーによって「判断を迫られる状況」というものはいくらでも作り上げることができる。そのシチュエーションにおける考えや行動の見せ方で、キャラクター性を充分に描いていってほしい。

セリフに魂を込めよう

＊現実と小説の会話の違い

ライトノベルは読みやすさが追求されたエンタメ小説である。ご存知の通り、ライトノベルは一般文芸に比べて地の文が少なく、キャラクターのセリフに割かれる文字量が多い。これは読みやすさが追求された結果のひとつだ。会話によってテンポよくストーリーが進んでいく話のほうが、まるでマンガを読んでいるかのように気軽に楽しむことができる。

しかし実際に小説を書いている時、どのくらいセリフに気を配っているだろうか。セリフにはそこまで意識を傾けていないという人がいれば、それは少し問題がある。

セリフというのは、言うまでもなく「会話」に用いられるものだ。しかし、私たちが普段話しているような内容をそのまま小説にしても面白くはならない。

身近な人だけでの集まりにおいてある話題で盛り上がり、大変面白いと感じた。だが、後日その話を別の人にしてみたところ、反応はいまいちだった……そんな経験はないだろうか。

「面白い」と感じたのは、その場の雰囲気や間合い、気心の知れた友人を相手にしている気楽さ……そういうものもすべて含めての面白さなのだろう。単なる「会話」をそのまま第三者に伝えたところで、その面白さをすべて感じ取ることは難しいということだ。

これは小説において会話を描くうえでも同じことが言える。キャラクターたちの会話をただセリフとして羅列しただけでは、面白さは伝わりにくい。そこに**キャラクターの感情が透けて見えたり、小説では表現しにくい「間合い」まで描いたりすることで、読者は自分がその場にいて彼らのやり取りを目の当たりにしているような気分になり、面白いと感じてくれる**のだ。

加えて、小説は現実の会話とは違い、文字を読ませるということを意識しなければならない。つまり、普段使いがちな「えー」や「あのー」といったような余計な言葉を排除し、洗練された会話文を作っていく必要がある（キャラクターの個性のひとつとして、あえてそういった口癖をつける場合もあるが）。

＊転換のきっかけ

小説は現実の会話とは違う、と先述したが、実際の会話を参考にしてもらいたい部分も、もちろん大いに存在する。特に大きいのが、話題の転換に関する部分だ。自然な会話というものをあまり意識せずに書いていると、特にこの話題の転換の部分が雑になりやすい。

実際に自分が友人などと会話している時の様子を思い浮かべてほしい。話題が他のものに移る時、そこには何らかの「転換のきっかけ」が存在するはずだ。

例えば、会話の内容が「Aの好きな食べ物」から「Bの終業時間」に移り変わる時、そこにはどんな転換のきっかけが挟まっているだろうか。想像してみよう。

A「私、魚が好きなんだよね」
B「そうなの？　じゃあ今度一緒にお寿司食べに行こうよ」

A「やった！　それじゃ、水曜日の仕事の後は空いてる？」
B「空いてるよ！　こっちは十八時ぐらいに終わりそうだけど、そっちはどう？」

「Aの好きな食べ物」から「Bの終業時間」に話題が移り変わる、ひとつの例だ。会話に特におかしな点はなく、自然に移り変わっているように感じられる。

ここで「転換のきっかけ」となっているのは「一緒にお寿司食べに行こう」というBの誘いだ。この誘いは、「魚が好き」というAの発言を受けて「じゃあ一緒に食べに行こう」と頭のスイッチが自然に切り替わったことから生まれたものである。そして、そこからさらにAが「水曜日の仕事の後」という具体的な指定をしたことで再びスイッチが「終業時間」へと自然に切り替わり、「十八時ぐらいに終わる」という発言に至るのだ。

こうして、一見何の関係もないように思われる「Aの好きな食べ物」から「Bの終業時間」への会話の流れが、自然と生まれるのである。これは実際の会話でも文章内の会話でも同じで、何らかの転換のきっかけが存在し、自然とスイッチが切り替わることで、会話というのは繋がっていくのだ。

しかし、あまり自然な会話を意識せずに書いていると、この転換のきっかけをうまく取り入れることができない。例えば、次のような会話を書いてしまいがちである。

A「私、魚が好きなんだよね」
B「そうなんだ。ところで、私の仕事の終わる時間ってだいたい十八時ぐらいなんだよね」

明らかに会話が繋がっておらず、不自然である。こんな会話を書いたりしないよ、と思う方もいるかもしれないが、書いてしまう作家志望者は意外と多いのだ。

特に気をつけてもらいたいのが、「ところで」という言葉である。話題を他のものを転換したい時には便利な言葉だ。それまでの流れをぶった切り、別の話題へ持っていけるからである。

しかし、**何の脈絡もなくいきなり「ところで」と他の話題に移っても、読んでいる側からすると不自然でしかない。**何らかの「転換のきっかけ」を存在させ、自然とつながる会話というものを意識して書くようにしよう。

＊セリフを翻訳する

キャラクターにセリフを言わせるということは、そのセリフにキャラクターの魂を入れるということだ。どんな気持ちで話しているのか、そのセリフにはどんな思いが込められているのかを考えてみるといいだろう。**そのためにやってみてほしいのが、セリフを翻訳してみる、という方法だ。翻訳といっても、何も違う言語にしてみるということではない。そのセリフを別のセリフに翻訳してみるのだ。**

例えば、キャラクターに「大好き」と言わせる場合を考えてみよう。そのまま「大好き」と書けば確かに伝えたいことは率直に伝わるのだが、それでは細かなニュアンスまでは伝えきれない。

何より、キャラクターの性格によって「大好き」という言葉は変化するのではないだろうか。自分の気持ちを素直に伝えられるキャラクターもいれば、反対に思ったことをそのまま口に出せないキャラクターもいる。後者の例として、典型的なのが「ツンデレ」と呼ばれる性格の女の子だ。彼女たちは自分の気持ちに素直になれず、思っていることや感情を言葉や行動で表すのが苦手である。心では

「大好き」だと思っていても、口ではそれとは裏腹に「あんたのことなんか、別に好きじゃないんだから」や「バカじゃないの！」などと辛辣なことを言ってしまう。

また、逆に「大好き」よりも「愛している」という言葉を使いそうなキャラクターもいるだろう。そういったキャラクターはツンデレな子に比べて愛情を伝えることに照れがなく、ストレートに、大胆に「好き」という気持ちを表現してくるという想像ができる。

これが、セリフを翻訳してみるということだ。言葉ひとつとっても、このキャラクターならどのような言い回しで伝えるだろう、と考えてみる。そうすることによって、一人ひとりのキャラクターのセリフに違いが生まれ、言い回しが安直なものばかりにならない。またキャラクターの個性も見えやすくなる。

セリフや会話を考えるにはセンスがいる。だが、それは磨くことができる。ドラマや映画などに登場する会話シーンを書き写してみると、勉強になるだろう。併せて、どんな意図で書かれた会話なのか、セリフを言っている時のキャラクターの心情は……といった部分についても考えることを忘れないでもらいたい。

キャラクター小説ともいわれるライトノベルで、魅力的なセリフや会話が書けるのは大きな強みになる。ぜひ、日ごろからの努力を続けていこう。

第6章

オリジナリティはありますか？

CHAPTER 6

他の作品にはない、自分の作品だけが持つ魅力とはなんだろう。売れる作品には、必ずオリジナリティがある。目新しい要素を取り入れながら、それを面白く読んでもらうためには、どうしたらいいのだろうか。

オリジナリティとは

＊独創性だけで突っ走らない

これまでにも何度か「オリジナリティが求められる」という話はしてきた。今までに読んだことのないような作品、想像できないストーリーというのは心が躍らされるもので、そういった「今まで他の作品で見たことのない」部分が、オリジナリティと呼ばれる。

そして新人賞でそのような作品が求められるというのも、先に述べた通りである。誰にも真似できない独創性やあっと驚くようなアイディアが、新人作家に求められる要素のひとつだ。

こういった説明をすると、独創性をひたすら詰め込んで作品を作ればいいように聞こえるかもしれない。また作家を志す人の中には、「そんな当たり前のことわかってる、誰も作ったことのないような作品を書いてやる」と意気込む人も多い。

だが、少し待ってほしい。あまりにも独創的な作品というのは、果たして読者に理解してもらえるものだろうか？　理解など求めていない、というのであればそれは単に自己満足の領域だ。**作家として仕事をしていきたいと考えているのなら、読者の存在は常に意識しなければならない。**

例えば、他の人には理解しにくいような感覚を作品の中に登場させたとしよう。『主人公は猫を殺した。しかし自分は死んでいないので嬉しく思った』――果たして読者はこの主人公の感覚を理解できるだろうか。

主人公がそのような感覚を抱くに至るまでの詳細な内容が作品内で語られており、それが充分に理解できるものであれば、読者もついてきてくれるかもしれない。しかしそれでも猫を殺し、そのことに対して罪悪感も何も抱かない主人公にどうしても理解を示せないという人は多くいるだろうし、感情移入することもできず、その状態で話を追うのを苦痛に感じてしまう。そのような作品では、オリジナリティはあっても新人賞が求めるような面白い作品とは言い難いものになるだろう。

＊物語のパターンを知る

しかし反対に独創性がなければ新人賞は獲れないのだから、そのバランスは難しい。そこで、意識してみるといいのが物語のパターンだ。日曜日の朝にやっている子ども向けのアニメが長年愛され続けているのは、視聴者の年齢層に合わせた一定の物語のパターンを守り続けているからである。大人から見れば「毎回同じパターン」に思えるかもしれないが、それでも対象年齢となっている子どもはそのパターンを面白い・楽しいと感じ、次も見たいと思うのだ。また大人から見ても、最後にハッピーエンドに落ち着くのがわかっているからこそ安心して子どもに見せられる、といった部分もあるだろう。

こういった安定感のあるパターンを意識してみてほしいのだ。例に挙げたのは子ども向けのアニメなので、ライトノベルのパターンとなるともう少し展開に紆余曲折があったり、ストーリーが複雑になってきたりするだろう。しかし同じように一定のパターンがあるという点では変わらない。

そして、このパターンというのは何もストーリー面に限ったことではない。キャラクターや世界観にも、パターンというものは見られる。自分の書きたい作品のジャンルのパターンにはどういうものがあるのか、それを研究してみてほしい。

パターンが理解できたところで、今度はそこにオリジナリティを加えてみる。パターンを用いるだけでは、単なる「お約束通り」の作品で終わってしまうからだ。ここに、独創性とのバランスが求められることになる。

よく見られるパターンを、どこか一部分だけ崩してみることで、そこにオリジナリティが生まれる。どこを崩せばありきたりな作品で終わらずに済むか、それを意識しながら作品を練っていってもらいたい。

誰もやらないこと、誰もやれないこと

＊「やらない」と「やれない」の違い

オリジナリティを作る時、「誰もやらないこと」と「誰もやれないこと」を考えるようにしてみよう。

「こんな作品は今までなかった」と自分で思えるものを作れたが、その作品を新人賞に応募してみたところ、結果が伴わなかったという経験をお持ちの方もいるかもしれない。オリジナリティを入れつつ、物語のパターンも踏襲した……なのに受賞できなかったのは何故だろう？　その疑問の答えのひとつとなるのが、これまで世に出てきていない作品の中には「やれなかったこと」ではなく「やらなかったこと」が存在している、ということだ。

わかりやすい例として、スポーツものを挙げてみよう。マンガやアニメの作品にはスポーツを扱った作品で大ヒットしたものが多く見受けられる。しかし一方、ライトノベルではスポーツものは圧倒的に少ない。それは何故だろうか。

理由は、文章でスポーツの描写をしても躍動感や迫力を存分に伝えるのが難しいからだ。絵で表現することのできるマンガなら、さらにそこに動きや音が加わるアニメなら、魅力を伝えやすい。しかし文章だけで表現するとなると、面白いと思わせるには高度なテクニックが必要になってくる。そのため、ライトノベルでスポーツを扱った作品は少ないというわけだ。このように、**「やれなかった」のではなく、「ライトノベルに向いていないから扱わない」と作者たちが理解し、意図的に外してきたものが「やらなかったこと」**である。

かといって、スポーツをメインに取り扱った作品が全くないかというとそうでもない。

アニメ化もした作品に『ロウきゅーぶ！』（蒼山サグ／電撃文庫）が存在している。この作品はバスケットボールを取り扱っているのだが、主人公が戦略を立てる一方で小学生の女の子たちがプレイヤーとなる、という構図になっている。そのためバスケットボールそのものの躍動感などを表現するよりも、戦略の部分に焦点が当たるようになっているのだ。

「やらなかったこと」を扱う場合、こういった工夫が必要になってくる。その工夫がうまくできていないまま、ただ今までになかった作品を作ろうとすると、それはただ「つまらなくなるから誰もやってこなかったこと」に当てはまる作品になってしまう。

オリジナリティを意識するにしても、「どうして今まで誰もやってこなかったのか」「やらなかったのかやれなかったのか」という根本部分を考えるだけで、取り入れ方というのは大きく変わってくる。

そして、オリジナリティを考える時には、小説の面白さがそこにあるのかどうかを確認するようにしよう。

オリジナルとパターン

＊着地点が見える安心感

物語には一定のパターンがあるということについては先述した通りだが、このパターンについてもう少し具体的に触れていこう。恋愛を話のメインにした物語を例にしてみる。まず言うまでもなく、この話の軸となるのは主人公とヒロインの恋愛だ。

恋愛をメインにした物語では、最終的にくっつく二人が最初から決まっていることが多い。もちろん、その途中で出てくるライバルの存在であったり、二人がなかなか思いを伝えることのできない障害があったりと、すんなりと恋愛関係になれるわけではなく、そのもどかしさを楽しむのが話の目的ではある。主人公が複数のヒロインと良い関係になり、最終的に誰とくっつくのかわからない、というのも読者をハラハラさせる要素のひとつだろう。

しかし最終的に主人公が誰とうまくいくのかは、物語のスタート時点ですでに決まっており、読者にもそれが漠然と見えている。「見えている」とはどういうことか——わかりやすいのが表紙イラストだ。そこには、はじめから恋愛関係になると確定している主人公とヒロインが描かれていることが多い。特にほとんどが恋愛をメインに取り扱っている少女向けライトノベルでは、この点が顕著である。

少年向けライトノベルであれば、複数のヒロインが描かれていて主人公は描かれていないというパターンも珍しくないが、その中でも大きめに描かれた「メインヒロイン」と少し小さめに描かれた「サブヒロイン」の差が見えることがある。これを視覚的に情報として取り入れた読者は、自然とメインヒロインが主人公とくっつくのだろう、と予感することができる。

そしてこの予感があるからこそ、読者は一種の安心感を持ちながらハラハラ感を楽しむことができる。先ほどの例に挙げた日曜日の朝の子ども向けアニメを例に挙げるなら、「最終的にヒーロー（あるいはヒロイン）が敵を倒して一件落着する」という安心感もこれに近い。最終的な着地点が漠然と見えているからこそ、安心して物語を追うことができるのだ。これらのことから、**「誰と誰がくっつくのか」という結末の部分より、「どんな恋愛になるのか」という過程の部分**に注目して描かれる作品のほうが多いのではないかと感じられる。

＊昔からのテーマを見つめ直す

さて、「結末がある程度見えている」という話をすると、そのパターンの中のどこでオリジナリティを入れればいいのかわからなくなってしまうかもしれない。しかし、注目すべき部分は「どんな恋愛になるのか」なので、誰と誰の、どのような恋愛を描くのかを考えていくと、オリジナリティはいくらでも入れ込みようがある。

例えば、人間以外のものと恋愛させるという手がある。『這いよれ！ニャル子さん』（逢空万太／GA文庫）では、宇宙人のかわいい女の子をヒロインとして、人間である主人公のやり取りを楽しませるという構図が使われている。また別の作品で言えば、『デート・ア・ライブ』（橘公司／富士見ファンタジア文庫）にも人間以外のヒロインが登場する。

これらの作品のように、恋愛の対象に人間以外の存在を用いることで、斬新でオリジナリティのある物語となる。**ストーリーの内容を複雑にするというよりは、今までにないような独創的な組み合わせで恋愛を描くことで、目新しさを演出している**のだ。

かといって、これまで人間以外との生き物との恋愛を描いた作品がなかったかといえば、もちろんそんなことはない。それこそ神話に至るほどの遥か昔から用いられているテーマではある。日本の昔話にも、蛇や蛤、雪女などと恋愛したり、夫婦になったりする話は存在しており、特段珍しいというわけではない。

しかし、そのテーマを「ライトノベル」という媒体に落とし込んでいることで、新たな魅力を生み出しているのだ。同じテーマでも、昔話で描かれるのとライトノベルで描かれるのでは大きく雰囲気が異なるのがわかっていただけるだろうか。

このように、**昔から使われているテーマを別の切り口から取り扱ってみると、パターンの中で意外なオリジナリティが出せる**かもしれない。

オリジナルとパターン ―― その2

＊キャラクターのパターンとは

続いては、キャラクターのパターンとオリジナリティとの関係について考えていきたい。まず、キャラクターのパターン化とはどういうことだろうか。

ここでもわかりやすい例として、日曜日の朝のアニメを取り上げてみよう。男の子向けの戦隊ものや、女の子向けの魔法少女ものを見てみる。

これらに登場するキャラクターには、それぞれ変身後に身にまとう「色」がある。この色とキャラクターの性格の関連性というのは、ある程度パターンが決まっているのではないだろうか。

主人公（戦隊ものなら赤、魔法少女ものならピンク）は明るくて正義感に溢れており、青はクールな印象、黄はお調子ものやあざといキャラクターの場合が多い。こういったものが、キャラクターのパターンと呼べる。

またこういったパターンは、もちろんライトノベルにも見られる。性格だけでなく話の中におけるポジションも含めて見てみると、「主人公にいつもツンケンした態度をとっているヒロイン」や「主人公の相談相手であった優しい人が実は黒幕だった」というのはさまざまな作品内でよく見られる要素であり、キャラクターのパターン化といえるだろう。

＊「意外性」で個性を

ただストーリーと同じく、キャラクターもパターンのまま作品内に落としこむだけでは、目新しさが感じられない。「どこかで見たことのあるキャラクター」「よくあるテンプレ化したキャラクター」というイメージを読者に持たれてしまい、好感を持ってもらいにくくなる。

そこで必要になってくるのがオリジナリティである。キャラクターの個性といってもいい。**暗殺者なのに明るい性格をしていたり、料理人なのにインスタントラーメンが大好きだったり、学者でありながら趣味がボクシングだったり、「意外性」が見えることでそれは個性になる。**

意外だと思えることは、それまでに見たことが少ないということである。それだけでキャラクターが読者に与える印象はぐっと強くなるのだ。

オリジナリティはマイノリティから

＊「憧れの作品」を生み出す

何か素晴らしい作品に出会った時、それを単に「面白い作品だった」「感動する作品だった」という感想だけで終わらせるのではなく、「この作品みたいなものが書きたい」と思ったことのある人は多いのではないだろうか。良い作品を見て自分の創作意欲に繋げるのは、とても良いことである。

小説を書き始めて間もないうちは、その作品に似た作品になってしまうかもしれない。だが、それでいいと思う。

書き慣れていない時に傑作を書こうとしてハードルを上げてしまうと、途中で行き詰まって書くのが嫌になったり、自分の実力ではそれができないとわかって絶望したりする。そうなってしまっては、作品を書き続けるのは難しくなる。書くことに楽しさを感じるくらいがいいだろう。

その楽しさを感じるためにも、自分の好きな作品に近いものを書くのはいいことだ。しかし、いつまでもそれではプロ作家にはなれない。**自分が好きな作品を見て思ったように、今度は自分が他の誰かに「この作品みたいなものが書きたい」と思わせられるような小説が書けなければ、デビューは難**

しいといえるだろう。

＊マイノリティを見つける

好きな作品の真似から脱するために必要なのが、今までに述べてきたオリジナリティを取り入れることだ。自分にしか描けないオリジナリティを作品の中で魅せていくことによって、それは「誰かの真似」ではなく「自分の作品」としての輝きを放つ。

しかし自分の描けるオリジナリティとはなんだろうか、と根本的な部分で悩んでしまうかもしれない。その時は、自分の中からマイノリティを見つけてみよう。

マイノリティとは、日本語にすると「少数派」という意味になる。自分の中からそれを見つけるということは、つまり他の人から見ると普通ではないのでは、という部分を見つけるということだ。

例えば趣味に目を向けてみる。自分の好きなものや興味のあるものに注目してみて、「これを趣味だと言っている人は自分の周りにはいないな」と感じたなら、それもマイノリティとなり得る。ならばその趣味を題材として取り上げ、作品のベースにしてみると、なかなか他では見ることのできない物語が作れるのではないだろうか。

また、仕事やアルバイトなどの経験の中からも、同じようにマイノリティを見つけることができる。一般的にはあまり知られていない職業を経験したことがあるなら、それは題材として扱えそうだ。また、自分が働いている中で「普通ならこんな行動はできないな」と感じることがあるかもしれない。

例えば接客業において非常識な客に対して臆することなく怒ったり、同僚の仕事のミスとして庇（かば）ったり……というような行動だ。そういった他人の行動などにもマイノリティを感じたなら、そういった行動をとる人物を登場させると、そこにキャラクター性のオリジナリティが発揮される。

あるいは、自分の生まれ故郷に関するものや生活を送った環境から見つけられるものもあるだろう。電気も水道も通っていないような田舎で生まれ育った、という人は、その経験そのものをオリジナリティとして作品に活かすことができる。便利な世の中に慣れきった多くの人びとは、作品の中で描かれるその生活を通して驚きや憧れを感じるはずだ。

誰もが同じ経験をし、同じものを好きになり、同じ人に出会って生きているということはありえない。**自分が当たり前のように日常の中で体験していること、体験してきたことが、実はマイノリティなのかもしれない。**そのマイノリティを見つけていくことで、作品に活かせるようなオリジナリティを発見できることもあるということだ。

＊トマソン

みなさんは「トマソン」をご存知だろうか。

もとは「超芸術トマソン」として赤瀬川原平氏が中心になって発表された概念で、ざっくりまとめると「もう役に立たない建築物やその付属品だけれど、芸術的な見た目をしているもの」のことだ。建物は壊されたけれど、壁面にくっつけて作られた階段だけが残っていたり、地下室はあるけれどそこに行く方法がもう閉ざされていたり、そういったもののことである。

道を歩いていると、意外とトマソン的なものは残っている。取り残された看板に「昔はどうだったんだろう」と過去を思ってみたり、行き先をなくした階段に「ここを登ったらどんな世界に辿り着くのかな」と空想をたくましくしてみたりしてみよう。他の人は気にも止めないトマソン的なものから発想を膨らませる……そこにもマイノリティを見つけることができるはずだ。

ものによっては近付くと危険な可能性もあるので、遠くから見ながらイメージの世界を旅してみると、意外なアイディアも湧くかもしれない。

大事なのは「ああ、こういうのあるよね」でスルーするのではなく、「面白い！」と何事にも興味を持ち、「もしこうだったら……」と発想を広げていくことなのだ。

＊陶芸や日曜大工、農作業をやってみよう

発想法に関連して、作家志望にオススメの趣味を紹介しておこう。それは陶芸や日曜大工、農業だ。

陶芸はカルチャースクールでそれほど高くない授業料で体験することができる。大量生産の技術のない時代、皿や茶碗などの焼き物はひとつひとつ手で作られていた。それを実際に体感するのは大事なことである。

日曜大工も同じだ。なるべく現代の技術を使わずにやってみよう。文明がまだあまり発展していない時代の苦労を知ることができるため、そういった世界観の作品を書く時に役立つだろう。またはアフターホロコースト——文明が滅んだ世界の物語を考える際にも参考にできるかと思う。

農業は家庭菜園や市民（区民）農園レベルで十分だ。自分で作物を育てることは、自給自足の生活を送っているキャラクターを描く時にも役立つだろう。

現代日本は非常に便利である。しかしファンタジーの世界は必ずしもそうではない。そのため、自分で土をこねたり、大工仕事をしたり、農業を体感したりすることは、文明の発展していない苦労が体感できていいと思う。また、無心で作業をすることによって、何か新しいアイディアが生まれるこ

ともあるかもしれない。

オリジナリティはマイノリティから——その2

＊昔の作品に触れてみる

今までの人生を振り返ってみても、マイノリティらしい部分が見つからないという人もいるかもしれない。また、マイノリティが見つかっても、それだけでは作品の要素に繋がるようなアイディアにはならないという人もいるだろう。

確かに、何気なく人生を生きているだけではそれほど秀逸なアイディアは生まれにくい。またアイディアは放っておけば無限に生まれていくというものでもなく、使っていけばいずれは枯渇（こかつ）していく。ではアイディアを増やしていくにはどうすればいいのか。それにはもちろんできるだけ多くの作品に目を通すことが一番大事なのだが、最近の作品ばかりを追っているという人は、昔の作品にも目を向けてみるようにしよう。

もちろん流行には常に注目しなければならない。そのためには最近流行っている作品を追う必要がある。しかしそれだけでは作品の傾向が偏ってしまい、新たなインスピレーションを受けることが難しくなりがちだ。

そこで、あえて昔の作品を振り返ってみるのだ。自分が生まれる前に作られた映画などは、見る機会もほとんどなかったのではないだろうか。そういった作品に触れることで、多くの刺激を得ることができるだろう。

日頃は興味を抱かないような昔の作品にも、面白いものは存在している。それを知らずにいるままでは、あまりにももったいない。触れる機会が少ないからこそ、自らすすんでそういった作品を目にするように心がけよう。

現在の流行から離れ、昔の良い作品に触れてみる。これもマイノリティ探しのひとつだ。

＊ライトノベル風にアレンジ

昔の作品には、今の主流にはない要素が含まれていたり、現在は見られなくなった面白いシチュエーションがあったりする。それらはそのままでは使えないかもしれないが、現代風にアレンジしたり、世界観をライトノベル風にしたりすることで利用することができる。

例えば、ＳＦ作品に『華氏４５１度』という作品がある。作家レイ・ブラッドベリによって描かれたもので、本の所持や閲覧が禁止されたディストピア的な世界を舞台にした話となっている。

日本語訳が出ているので、比較的簡単に目を通すことができる。しかしながら、出版されたのはかなり前であることと、ＳＦという難しそうなジャンルであるため、今のライトノベルを読む層の中で、この作品を読んでいる人は少ないかもしれない。

だが、この小説の影響を多分に受けていると感じたライトノベル作品がある。

「第十三回スーパーダッシュ小説新人賞」で大賞を受賞した、『ファーレンハイト9999』（朝倉勲／ダッシュエックス文庫）だ。本作はオタク文化が禁止されたディストピア的な世界を舞台に、キャラクターたちの活躍を描いている。

『華氏451度』を読んだことのある人ならば、『ファーレンハイト9999』をパクリだとは言わないだろう。

影響は受けているように思えるが、後者は現代風、ライトノベル風のアレンジが施され、全く別の作品として完成しているからだ。

『ファーレンハイト9999』ではバトル要素が入り、ヒロインとなるかわいい女の子が登場する。一番目を引くのは、オタク文化が禁止されているという世界設定だろう。これらの要素は『華氏451度』にはなかった。

このように、**ライトノベル読者があまり知らないと思われる昔の作品を読み、現代らしくアレンジすることでオリジナリティを作る**ことができる。マイノリティからオリジナリティを生み出すわけだ。

昔の作品は図書館などでも借りることができる。本を入手するための金銭面の負担も防げるし、試してみるといいのではないだろうか。

また小説だけでなく、昔の映画作品なども見るようにしてみよう。モノクロ時代の映画や、まだCG技術がそれほど発達していなかった時代の作品にも、良いものはたくさん存在している。こちらもレンタルショップがあるので、気軽に借りに行けるのが利点だ。

第7章

CHAPTER 7

世界設定は辻褄が合っていますか？

世界設定は作品の舞台となるだけでなく、リアリティにもつながってくる。「その世界で確かに人が生きている」というリアリティは出せているだろうか。意外にも、それは細かい部分の描写で表すことができる。

世界設定が必要な理由

＊世界観が与える印象

旅行に行くことはあるだろうか。普段訪れないさまざまな場所を訪れると、それぞれの土地の雰囲気を感じることができるはずだ。漁港や海に近い場所であれば潮の香りがするだろうし、おいしい海産物を味わうこともできる。のんびりと釣りに興じる人を見かけることもあるかもしれない。

向かった先が都心であれば高層建築が増え、人通りも多くなる。ファーストフードやカフェ、居酒屋のチェーン店などが建ち並び、カラオケ店やパチンコ店もあって騒がしい印象だ。行き交う人たちはどこか忙しそうに歩いており、せっかちな印象を受けるかもしれない。

このように、場所によってそこで活動する人の印象も変わってくる。つまり、**世界設定というのはストーリーに関わってくるだけでなく、その土地の雰囲気やそこで暮らす人びとのイメージにも影響を与える**ということだ。それは作品を書く時にも意識しておいてほしい。

＊複数の世界観を混ぜる

世界設定を作る際に、他にない世界観を描きたいと思うのは当然のことだ。その結果、面白くなると思って複数の世界観を混ぜてしまう人もいるだろう。しかし**いろいろな世界観を混ぜてしまうと、その世界の雰囲気をつかみにくくなってしまう。**それがファンタジー作品であれば、西洋風、和風、中華風などの異なるジャンルによって、着ているものや建物にも影響を与えてくる。

例えば、日本家屋に住みながら、勇者や魔法使いなどの職業についている登場人物がいるとする。髪の毛の色は金で、服は洋装。食べているものは中華料理――といったような具合だ。説明を聞く限りはそれほど問題があるようには思えないかもしれない。むしろそのちぐはぐ具合が面白いと感じる人もいるだろう。

しかし、これを活字で理解させようとするのはなかなか骨が折れる。絵ならば一目でちぐはぐ具合を感じ取ることができるのだが、すべて文章で説明されるとなると、面白さよりも先にその世界観のイメージのつかみにくさが問題になってくる。

そうなってしまっては元も子もない。読者に面白いと思ってもらうために世界設定を作ったのに、混乱を与えるだけになってしまう。世界設定が物語を楽しむための妨げになってしまってはいけないのだ。

＊自分の作品の世界観に落としこむ

かといって、世界観を混ぜること自体が悪いわけではない。安易に混ぜるだけ混ぜて、その作品の世界観としてうまく昇華できていないことが問題なのだ。

例えば、西洋風ファンタジーの世界設定にスマートフォンを出したいと考えたとする。もちろんそのままスマートフォンを出してしまっては、読者に違和感しか与えない。

そこで、「その世界の人間の多くは、手のひらに収まるサイズの小さな石版を所持している。その石版は埋め込まれた魔石の力を利用して、遠く離れている者と会話ができたり、文章を送り合ったりすることができる」――という設定にしてみる。

つまりスマートフォンの「ようなもの」を登場させるのだ。「石版」「魔力」といったものに置き換えることによって、その世界に存在していても違和感のないアイテムとして登場させることができる。

世界観が統一されていたほうが読者はイメージしやすくなる。こう言うと、それではオリジナリティを作れないのではないかと心配になるかもしれないが、そうではない。このアイテムの置き換えのように、**他の世界観の要素をうまく落とし込んでいくことによって、自分の作品の世界観にいくらでもオリジナリティを出していくことができる**のだ。

メルヘンからの脱出

＊童話とライトノベルの違い

ライトノベルの作家志望者が作る世界観を見た時に、とある印象を抱くことがある。それが「メルヘン」だ。

メルヘンは空想的なおとぎばなしなどを指す言葉であり、また空想的な雰囲気を指す言葉としても使われている。メルヘンと呼ばれる作品の中には、喋ったり二足歩行をしたりする動物がいるなど、進化論や理屈で説明できない事情が出てくることがある。

そのような作品は、童話として子どもが読む分には問題ない。しかし、中高生を主な対象としたライトノベルの世界観としては、いささか子どもっぽく見えてしまうかもしれない。

　メルヘンな世界観を作る時は、そこで暮らす人びとの生活や歴史といったものを考え、話の中で説明する必要はない。何を食べているのか、といったところまではまだ話の中に関わってくる部分かもしれないが、政治の仕組みや住人の収入源などを突き詰めていくと、メルヘンな雰囲気が壊れてしまうこともあるからだ。

　しかし、ライトノベルの世界観はそれでは困る。成長し、ある程度社会の成り立ちなどを勉強した人たちが読む作品の中では、その辺りがしっかりしていなければリアリティが感じられず、読んでいてどうしても引っかかってしまうことになる。

＊リアリティを出すために

　例えば、政治について考えてみよう。メルヘンの世界では、お城があって王様がいて、みんなが幸せに暮らしているということがあるかもしれない。そこで暮らす主人公たちの家では、父親が仕事をして、母親が家事を担当、主人公をはじめとする子どもたちは食べるのに困ることはなく、穏やかな生活を送っているということもあり得るだろう。だが、現実はそんなにうまくはいかない。子供の頃は何の疑問も抱かずに受け入れられたことでも、成長するとそうは思えなくなる。

　国があり、そこで多くの人間が暮らしている以上は、みんなが平等な生活を送っているという状況は考えにくい。身分の差や貧富の差、いわれのない差別も存在するだろう。また他国との関係性も気になる。国際関係に問題があれば、下手をすると戦争が起きる可能性もあり、国民も全くの無関係ではいられなくなるかもしれない。

こういったことを考えていくとキリがないのだが、国のシステムなどには説得力を持たせてほしい。そのために**考えてみるといいのが、その国の歴史だ。どうして貧富の差が生じたのか、身分の差はどこから生まれたのか、差別の発端となったのは何なのか……そういった部分も考えていくようにしたい。**そうすることで説得力が生まれ、その世界で確かに人間が暮らしているのだというリアリティを読者に感じさせることができる。

このような細かい部分まで考えるのは面倒で、作品には影響しない部分ではないかと思う人もいるだろう。だが、キャラクターの価値観やものの考え方など、根幹に影響する部分でもある。つまりキャラクターの土台となる部分だ。そのことも考慮して面倒臭がらずに丁寧に世界観を作り上げていってもらいたい。

メルヘンからの脱出――その2

*舞台を広げる

メルヘンな世界観をライトノベルに寄せるためのヒントとしてもうひとつ、「物語の舞台を広げる」ことが挙げられる。

絵本などのメルヘンな世界には、さほど広い舞台は必要ではない。お城の中であったり、森の中であったり、主人公の動きまわる範囲はある程度限られている。

ところがライトノベルではそうはいかない。新人賞で募集している原稿は、多くが長編である。

長い物語を書くためには、それにふさわしい広い舞台が必要だ。お城の中だけ、森の中だけといった狭い範囲を舞台に、文庫本一冊分にもなるような長い物語を書こうと思うとなかなか厳しいものがある。

特にファンタジーの場合は、舞台の狭さは物語の面白さに大きくつながってくる。例えば、とても細かく作り上げられた世界観があるとする。その中で、主人公がひたすら友人関係に悩んでいるだけの物語と、その世界に隠された謎に迫る物語では、後者のほうが圧倒的に面白いと感じられるだろう。

前者は緻密に作られた世界観が全く活かされておらず、主人公の周囲のことにしか物語が及ばないので、結局舞台は狭くなってしまっている。その点、後者は世界そのものの謎、という壮大な要素があり、その謎がどう解き明かされていくのかという部分に読者は惹きつけられ、物語を面白く読み進めていくことができる。

＊物語に「世界」を絡める

なかなか物語が広がらない、という悩みを抱えている人は実は少なくない。

先程例に挙げたように、細かい世界観を作り上げることはできるのだが、その中で展開する物語がどうにも小さいのだ。

そういった人は、その作品の中で「書きたい」と思っている部分が細かく作り上げた世界設定と絡んでおらず、自分探しや家族関係の改善といったような規模の小さな話で留まってしまっている。

もちろんそういった話が悪いというわけではなく、大きな物語の流れの中で表現していくべきそれらのテーマが、うまく流れに組み込めていないのだ。

そんな人におすすめしたいのは、物語に「世界」という要素を絡めてみることである。具体的にいえば、**「世界に大きな危機が迫る」「世界征服を企む悪役がいる」といったような展開を物語に入れてみるのだ。**

これらはファンタジーの王道ともいえる要素だが、物語の大きさを感じさせる。「世界」を物語に絡めることによって、メルヘンから離れた壮大な話を作り上げることができるのだ。

なかなかメルヘンからの脱出が難しいという人は、一度世界そのものを展開に絡めた物語を作ってみるといいだろう。

その世界の歴史を確かめよう

＊実在した国や都市を調べる

世界観を作り、リアリティをもたせ、自分の作品に落としこむ……。想像するだけで大変な作業だと思った人もいるのではないだろうか。中には、物語を作る時はストーリーを中心に考えるため、世界観を作るのはあまり得意ではないという人もいるだろう。そこで、世界観を作るのが少しだけ楽になるかもしれない方法をひとつ紹介しておきたい。

それは、**実在した歴史上の国や都市を基にして世界観を作る**という方法だ。世界観を一から作るのは大変な労力が必要になるが、もともと存在しているものを使えばその労力を多少は減らすことができる。

しかし、ただ実在した国や都市の情報をそのまま流用してくればいいわけではない。**自分の思い描いている物語にふさわしい舞台とするため、矛盾が起きないように気をつけながら、情報を変える**必要がある。それが「自分の作品に落としこむ」ということになる。

また、その国や都市の歴史にも注目してほしい。歴史はその世界が築き上げ、歩んできた道のりだ。そして同時に、その世界や生きる人びとに影響を与えてもいる。人びとの価値観、文化と時代の雰囲気、物資や発展の流れなどを確かめてみるといいだろう。

何もない状態から世界観を作り上げるのは大変なことだが、基となる国や都市を決めておくだけでも、頭の中のイメージがある程度定まってくる。そこから想像を膨らませることはいくらでも可能なので、簡単なイメージを決めておきたいという時にもオススメしたい方法だ。

＊世界は歴史を刻むもの

世界は永遠に不変というわけにはいかない。世界というものが存在する以上、そこには時間が流れ、歴史が刻まれていく。

作品の中に登場させる世界も同じだ。そこに登場させたい要素があったとして、それはどういった経緯で誕生したのかという歴史は必ず存在する。その世界なりの理由があって、何らかの組織が誕生したり、文明の発展を遂げたりしているはずだ。

そういった歴史の流れを、あなたの作品に登場する世界観でも考えていってほしいのである。実在した国や都市の歴史に注目してほしいのは、自分の世界観の歴史を作る際に整合性を持たせるためだ。**資料などを読んで世界を知り、ひとつひとつの要素がきちんと歴史の積み重ねのもとに存在していることを理解できれば、その知識は自分の作品を作る際にも必ず活かせる**だろう。

世界観＝設定と捉えられがちだが、ただ設定を考えるだけではダメなのだ。設定を考えただけでは、そこに生きた人びとが遺（のこ）してきた功績や、暮らしている人びとの日々の営みを感じることはできない。世界観がキャラクターやストーリーにもつながっていることを意識して、無機質な世界にならないように注意してもらいたい。

＊経済を勉強してみよう

また、経済についても知っておくといい。政治や経済というのが苦手な方も多いだろう。しかし、ここをきちんと勉強しておくと、世界観や物語にぐっと厚みが出る。

まずは三ヶ月でいいので、

・日経平均
・ダウ平均
・円ドル為替レート

これらに注目し、それぞれどういう要因で上がったか、下がったかについてメモしてみよう。それぞれの理由については、ネットで検索することができる。

最近でいえば、チャイナショックやイギリスのＥＵ脱退問題で大きく変動があった。また、米国の利上げの時期の憶測や、日銀の政策にも左右されている。わからない用語はそのままにせず、検索して正しい知識を蓄えていこう。

この三点を追いかけるだけで、今まで知らなかった経済の流れがよく見えてくる。

同時に、上下の要因自体が世の中で起こった事件・社会の仕組みを知るいい機会になる。どういった事件が起きるとどういった人びとに影響が出るのか、世間に変化があるのか、ニュースなどを掘り下げたり経過観察したりするといいだろう。

世界設定の修正と変更

＊新しい設定を追加する時は

世界設定を作ったものの、後になってから修正を入れることもあるだろう。その理由はさまざまなものが考えられる。

面白そうな設定を新しく思いついて追加することもあれば、話を進めていく中で整合性が取れなくなったためやむを得ず修正することもある。中には話の中で説明しきれないと感じ、簡単な設定に変更することもあるかもしれない。

ただどんな場合であっても、設定を修正することに関しては注意が必要になってくる。まず新しい設定を思いついて追加する場合だが、それを加えることによって要素が多くなりすぎていないかという部分に注意したい。書きたいものがたくさんあるのは良いことなのだが、当然ながらひとつの作品の中であれもこれも書けるわけでもない。

例えば、魔法が登場する作品を書いていたとしよう。その作品を執筆している途中で、新たに超能力を使える機械を登場させたいと思い、設定に追加することにした。しかしこの場合、魔法も超能力もどちらも超常現象を引き起こすための要素なので、どちらか一方があるだけで話が成り立ってしまう。

加えて、「どうして魔法や超能力が誕生したのか」という歴史の部分も見えにくくなってしまう。どちらか一方があればそれで充分なため、もう片方が誕生する必然性がなくなってしまうのだ。

設定を追加する時には、執筆中であってももう一度プロットへと立ち戻ってみよう。そうすると、その作品において中心となる設定が再確認できるはずだ。そのうえで、追加した設定がもともとの設定にどのような影響を与えるのかを慎重に考えたい。

もちろん、執筆がある程度進んでいるようであれば、すでに作品中でどれほど設定の説明が行われているかというところも併せて見直ししておこう。そうすることで、矛盾を生む設定の追加は避けられるはずだ。

＊執筆中に設定を修正する時は

作品を執筆する中で整合性が取れなくなり、やむを得ず設定を修正することになった場合の注意点も見ていこう。もともとのプロットでは設定に問題なかったはずなのに、実際に書いてみると修正が必要になったということは、執筆している中でひずみが生じてしまったか、あるいはプロットを作っている段階では気付かなかった細かな矛盾が明らかになったという可能性が高い。

　そうした際の修正では、新たに設定を追加する時と同じく、修正せずに残す大元の設定との矛盾が生まれないようにすること。そしてストーリーに沿わせた修正が必要となる。

　設定は、あくまでストーリーを動かすための土台だ。修正の時にそのことを忘れ、ストーリーのほうを設定に合わせようとしてしまったり、修正されたものが設定を活かすための設定になったりしてしまってはいけない。

　ある程度執筆が進んでからの設定の修正は、何かと大変だろう。場合によっては、すでに書いたシーンを大幅に変更しなくてはならないようなこともあるかもしれない。

　しかしそこの手間を面倒くさく思って放置してしまうと、読者は必ず生まれたままの矛盾に気付く。大変な思いをしてでも、**設定の修正を行ったほうが作品のクオリティは上がる**と心得よう。

＊簡単な設定に変更する時は

　設定が多すぎて話の中で説明しきれないと感じた時、複雑すぎて読者が理解するまでに時間がかかると感じることもあるかもしれない。あまり設定に力を入れて複雑にしすぎてしまうと、ストーリーを楽しむというよりも設定を解読するような物語になってしまうことがある。そのような場合にも、設定を見直したほうがいい。

　ただ、この場合は設定そのものを変えてしまうというよりは、説明の幅を狭くする、と言うべきだろう。**設定を一から十まで説明せずに、ストーリー上絶対に説明しなくてはならないと思う部分に絞るのだ。**

そして、その選択した部分だけをつなぎあわせてみて、設定として矛盾が生じていないか、疑問が残らないかというのを見直してみる。不足している部分があると感じるなら、その抜け落ちていた部分を追加する……という作業を行っていけば、過不足のない情報の選択ができるはずだ。

また、設定を消さなければならないこともあるだろう。設定を作った段階では特に疑問に思わなかったのだが、実際に執筆してみると特に必要のない設定だと感じてしまったり、なくしてしまったほうがすっきりするなと感じたりするような場合だ。その場合は、設定を消すことによって影響が及ぶ範囲もしっかりと確認し、世界観を壊さないように対処していこう。

生活感を考えよう

＊人びとの暮らしを描く

これまでにもたびたび「そこで暮らす人びと」「人びとの日々の営み」といったような言葉が出てきた。そう、世界観というと壮大なイメージが湧き、実際に歴史などの部分はその世界における大きな枠の部分を考える作業といえるが、そこには確かに人びとの生活というものが根付いている。歴史に比べれば随分小規模に思えるかもしれないが、**世界観を特徴づけるという意味で、生活感は非常に大事な部分**である。

生活感は何気ないシーンで描かれるものだ。しかしそこに注意が払えていなければ、違和感を覚えるシーンになってしまうこともありうる。例えば、砂漠で暮らしているのに花を育てるのが趣味の人がいたり、洗車などで水をジャブジャブ使っている場面があったりすれば、多くの人は疑問に思うだろう。一般的にイメージされる「砂漠での生活」とはかけ離れているからだ。

この例は大げさなものだが、土地と生活が結びついている以上は、それに見合ったものを描かなければ読者を困惑させてしまう。その場に相応しい振る舞いというものが存在しているものなのだ。それはその場所がどんなところなのか、周りにどんなものがあるのかを考えなければ見えてこない。

＊生活を追及する

砂漠に定住しているという設定にするのであれば、まず水をどこから得ているのかを考える必要がある。井戸という可能性もあれば、オアシスから取水しているのかもしれない。どれだけの水量を何人くらいで使っているのかも考えておきたい。そうして砂漠での生活を追及していけば、湯水のように使う場面というのは想像しにくくなるだろう。

このように突き詰めて考えていくことで、その場所で生活する人びとの暮らしぶりをはっきりさせられる。自分の想像で書くだけでなく、資料などにも目を通すことで、より詳細な情報を取得することができるだろう。

これまで生活感について考えたことがなかった、何から考えればいいのかわからない……という人は、ひとまず**生活の基盤である「衣」「食」「住」について考えてみる**といいだろう。何を着て、何を食べ、どこに住んでいるのか——これらの基本的な部分について考える。そしてそれをひとつずつ突き詰めて考えていくことで、生活感が生まれていく。

もちろん一気に全部を考える必要はない。細かいところまですべて設定しておこうと思うと、キリがないからだ。なので、最初に「衣」「食」「住」について物語内に登場すると考えられる要素をある程度設定しておき、後は作中に生活感の描写が出て来る際に小出しに決めていく形にするといい。

＊飲料水について

先ほど砂漠での生活における水の存在について触れたので、ここで少し飲料水に関する話をしよう。

普段、我々日本人が何気なく飲んでいる水。日本の飲食店などでは無料で出てくることがほとんどだが、外国では有料であることが多い。

また、地域によっては水道水もそのまま飲めないことがある。これは水の浄化や衛生度、整備状況が関係しているからだ。

新鮮で清潔な水が少ない地域では、病気も流行りやすい。また、設備がない地域では、日照りの時は水の価値がとても上がることもある。

ファンタジー世界でも同じだ。水を浄化する魔法石や上下水道が理論的、あるいは魔法的に組まれている都市を別にすると、まずは飲める水を確保することが大事になる。

このように、**現代日本で普通に暮らしている分には当たり前のことが、他の国や異世界では当たり前ではなかったりする。**水だけでなく、火や電気についても同じことが言えるだろう。

冷蔵庫がない世界で食品はどのように保存されているか、火はどのようにしておこしているかなど、作中で描写することがなくても、説明できるように設定しておこう。

＊宗教について

また、世界観や生活に関することで考えてみてほしいのは、宗教についてだ。日本に住んでいると、あまり宗教には馴染みがないという方も少なくないだろう。カトリック系の学校や仏教系の学校などに通っている人もいれば、実家が寺社関連だという人もいるだろうが、そういった常日頃から宗教に触れ合いながら生活している人以外は、普段あまり宗教というものを意識せずに過ごしているのではないだろうか。

しかし世界的に見れば、宗教は人びとの生活と深い関わりがある。祈りの時間が設けられていたり、食べてはいけないものが存在したりと、宗教の信仰は生活に根付いているのだ。

作品を作る時、その世界独自の神が崇められており、人びとが信仰している宗教が存在するという設定を考えてみよう。そしてその宗教が人びとの生活にどのような影響を与えているのかを想像してみる。独自の神や宗教を存在させることによって、世界観にオリジナリティを出すこともできるはずだ。

世界設定を考える時、どうしても剣や魔法などの華やかな部分に意識が向かいがちである。しかし**キャラクターがどのような生活を送っているのかを考えることで、ふとした描写の中にも「キャラクターたちはその世界に生きているのだ」という確かな生活感を表現することができる。**一見地味に感じられるかもしれないが、生活感についても時間をかけて考えてみる価値はある。

生活感を考えよう——その2

＊その土地の暮らしを知る

生活感を考えることでより世界観がリアルになることは前項でわかってもらえたかと思う。しかし、水をほとんど使わない生活や氷点下での暮らしぶりといったものは、実際に経験しているわけではないので想像力を働かせるだけでは及ばないところもあるだろう。あまりにも現代日本の生活とはかけ離れているため、ピンと来ないという人も多いはずだ。

そこで利用してほしいのが、書籍である。**特に役に立つのは、意外かもしれないが社会科の教科書だ。**他国の暮らしや文化、民族などが詳しく紹介されているので、何かと参考になるだろう。

そう簡単に教科書が手に入らない、という人も、図書館に行けばそれぞれの土地の生活をまとめた本が置いてある。中世ヨーロッパ風のファンタジーならヨーロッパの暮らしについて書かれた本、中華風ファンタジーなら中国、アラビアンファンタジーならアラビア、和風ファンタジーなら日本と、ファンタジーであってもそれぞれの世界の元になった国の資料を調べれば、人びとの生活に関する情報を得ることができる。

ただ土地によっては、科学の恩恵を受けて、それまでの生活スタイルとは別のものになってきている場合もある。日本がまさにそれで、和風ファンタジーを書きたいのに現代日本の暮らしを調べても意味がない。

政治

身分
国民たちの身分階級はどのようになっているのか

貧富
貧富の差が生じているのか、生じている場合どれくらい差があるのか

国際関係
他国との関係はどのようになっているのか。友好関係にある国や、反対に敵対にある国は。また、戦争の可能性はあるのか

歴史

文化
どのような発展を遂げてきたのか、人びとの価値観はどのようになっているのか

文明
技術や機械はどれくらい進んでいるのか、社会制度の整備はどうなっているのか

経済

物資の生産や流通はどうなっているのか。それによりどのような社会関係が形成されているのか

生活感

衣食住
人々は何を着て、何を食べ、どのような住居に住んでいるか

宗教
その国や都市に根付いている宗教はあるのか、その宗教は人々の生活にどのような影響を与えているのか

昔の暮らしに言及した資料にあたってみたり、伝統的な生活に絞って調べてみたりするといいだろう。

＊大切なのは確かな情報

暮らしに関する資料を調べた後のことについても、言及しておきたい。当然のことだが、そういった資料の内容はすべて覚える必要はない。何なら、役に立ちそうだと思った資料のタイトルをメモしておくだけでもかまわない。

暮らしに関する資料は、執筆を進める中で必要になってくるものだ。**「このシーンはこれで合ってるのかな」「ここはどう描いたらいいのかな」と思った時に、いつでも資料を使用できるようにしておくことが重要**なのである。

そして、**大切なのは小説に書く情報を「確かだ」「これで間違いない」と自信を持って言えるようになること**だ。情報に関して不確実なまま執筆すると、それを誤魔化そうとして描写はあやふやなものになってしまう。それでは読者は生活感にリアリティを感じることはできない。

いちいち資料を調べるのは面倒なことと思えるかもしれないが、自分の作品のクオリティを上げるためには必要なことだと割り切り、しっかりと取り組んでほしい。

第8章 文章は読みやすいですか？

CHAPTER 8

小説は文章ありきで成り立つもの。読みやすい文章、情報が伝わりやすい文章を書くためには踏まえるポイントがいくつも存在する。常に自分の書く文章の向こう側に読者の存在を意識してみよう。

一文の長さ

＊「文章力がある」とは？

小説を書く以上、避けて通れないのは文章の問題だ。ライトノベルにはイラストがつくものの、それは全体のごくごく一部分でしかない。作品の大部分は文章で伝えなければならず、文章力が作品に影響を与えるといっても過言ではない。もちろん新人賞の選考の際にも文章力は必ずチェックされる。**ストーリーやキャラクターがいくら面白くても、ある程度の文章力がなければ、受賞は難しい**だろう。

ただ勘違いしないようにしてもらいたいのが、文章力がある＝凝った言い回しの文章が書ける、ではないということだ。凝った言い回しというのは、やたら難しい漢字を使用したり、詩的な文章を多用したりといったものだ。作家志望者の中には、上記のような文章を「文章力がある」と勘違いしている人が少なくない。

新人賞の応募作をチェックする際に見られる文章力というのは、ずばり「人に伝わる文章になっているか」である。作者だけに理解できる文章になっていないかどうか、ということなのだ。いかに難しい表現をしていても、それが作者だけにしか伝わらない文章であっては意味がない。読者には何も伝わらず、読み手を意識できていない文章とみなされてしまう。

凝った言い回しも、ところどころに入れる分にはかまわない。重要なシーンなどで印象的な文章を入れることができれば、ぐっと引き締まる効果になる。ただずっとそのような文章が続けば、読者は追うのが辛くなってしまう。

人が読んだ時に、そのシーンの状況やキャラクターの立ち位置、背景などを正しく理解できる文章になっているか。それが「文章力がある」ということなのだ。

＊主語の混乱

しかし文章力といっても、具体的にどのような部分に気をつければいいのだろうか？　この章では、どういった点に注意しながら書いていけば読みやすい文章になるのかを見ていきたいと思う。

まずは、一文の長さについて見ていこう。もちろん箇条書きのような文章になってしまうのは問題だが、だからといって一文が長ければいいのかと言われると、そんなことはない。**一文の中に説明を詰め込みすぎた結果、主語の混乱が起こったり主語と述語が噛み合っていなかったり、読みづらい文章になってしまうことがある。**ある程度書き慣れてくれば、それなりに長くなっても意味が通る文章になるのだが、作家志望者の中にはうっかり長くなりすぎてしまう人が多い。例えば次のような文章だ。

・恵一は雪江をデートに誘ったが、なかなか答えをもらえなかったので、しつこいくらいにお願いしたらそれを承諾した。

こちらの文章を読んで違和感を覚えた方は多いだろう。この文章の問題点は、主語がぶれてしまっていることだ。主語である「恵一」の行動を整理してみよう。「雪江をデートに誘う」、「なかなか答えをもらえない」、「しつこいくらいにお願いする」の三つが彼の行動である。ところが、「雪江」の行動であるはずの「(デートを)承諾する」が最後に混ざってしまっていることで、主語の混乱が起きてしまっている。次のように文章を整理することで、読みやすくなるだろう。

・恵一は雪江をデートに誘ったが、なかなか答えをもらえなかった。なのでしつこいくらいにお願いしたら、ようやく承諾してもらえた。

文章を二つに分け、かつ主語を「恵一は」で統一した。文章を二つに分けたのは、時系列をわかりやすくするためだ。「なかなか答えをもらえなかった」までがひとつの時点、そして「承諾してもらえた」がまた別の時点となっている。つまり文章を一度区切ったことによって、「なかなか答えをもらえなかった」のがすでに過去のことであり、現時点は「承諾してもらえた」であることが理解しやすくなっている。

＊修飾語の過多

別のパターンとして、次の文章も紹介しておこう。

・春になって暖かくなり、勇樹は河川敷へ出かけ、クラスメイトで隣の席に座っている長い黒髪と笑った顔がチャーミングな美香に偶然出会った。

先ほどのような主語の混乱は起きていないが、スムーズに読みづらい文章になってしまっている。

これは登場人物の一人である「美香」を形容する修飾語が続き、「勇樹は」という主語と「出会った」という述語までの間に長い一文が入っていることで、意味が取りにくい文章になっている例だ。「美香」の情報を伝えたいという考えは伝わってくるのだが、文章として読みづらいものになってしまっていると、伝えたい情報よりも先に読者はそちらに意識を持っていかれてしまうので、本末転倒である。

この文章も先ほどと同じように、いくつかに分けることで整理できる。「美香」を表現する部分を抜き出し、「勇樹」の行動とは別の一文で説明するのだ。

・春になって暖かくなってきたので、勇樹は河川敷へ出かけた。するとそこに、クラスメイトの美香がいた。勇樹の隣の席の、長い黒髪と笑った顔がチャーミングな子だ。

文章が整理され、先ほどよりも読みやすくなったのではないだろうか。

紹介したふたつのパターンはどちらも、多くの情報を一文の中に収めようとしたために読みづらい文章になってしまった例だ。一文が短いと文章力が低いように思われるのではないか、と感じる方もいるかもしれないが、それは杞憂（きゆう）である。**大切なのは読者に確実に情報を伝えること。**無理に一文の中に収めるより、二文、三文に分けてわかりやすく伝えたほうが、読み手にストレスを与えない文章になる。

しかし、いくら心がけても文章のミスはどこかで起きてしまうだろう。そのミスをどれだけ減らしていくことができるかは、書いた後の見直しにかかってくる。面倒くさく思えるかもしれないが、**一文書くごとにその文章を見直してみる**といい。そうすれば即座におかしなところに気がつくことができるし、その見直しの作業を怠らないことで、確実に執筆中のミスは減ってくる。その際、自分の書いた文章が他の人にはどう読めるのかを想像しながら見直してみることが重要だ。

見直しの時に注意する点

＊語尾に気をつける

自分の書いた文章を自分で見直す時、注意して見ていくポイントはいくつかある。

まず**一点目は、語尾に注意すること**だ。前項で一文を長くし過ぎないという話をしたばかりだが、文章を短くするとどうしても箇条書きっぽくなってしまうという方もいるだろう。

例えば、次のような文章を見てみよう。

・東雲はどの店で昼食をとるか迷った。どこも混んでいるように見えた。けれどとても空腹だった。食べずに午後を乗りきれるとは思えなかった。

どことなく箇条書きのように感じられないだろうか。その原因は、語尾である。よくよく見てみると、どの一文もすべて「～た」という形で終わっている。短い一文が連続し、さらに同じ語尾が連続すると、箇条書きのような印象を与える文章になってしまうのだ。

この文章を、一文の長さはそのままに、箇条書き感を薄くする方向性で修正してみよう。

・東雲はどの店で昼食をとるか迷った。どこも混んでいる様子だ。けれどとても空腹だった。食べずに午後を乗りきれるとは思えない。

「〜だ」「〜ない」と語尾を変化させることで、「〜た」が連続するのを避けてみた。どうだろう、一文の長さはさほど変わらないにもかかわらず、先ほどよりも箇条書きの印象は薄れたのではないだろうか。

このように、同じ語尾が連続しないように気をつけるだけでも、文章全体の印象は変えられる。目安としては、三回以上連続しないよう注意してみるといいだろう。

＊音の連続

二点目は、同じ音の連続に気をつけることである。わかりやすく、かつありがちなミスの例として、次のような文章を紹介しよう。

・早紀は学校の帰り道の商店街の雑貨屋で手袋を買った。

この文章は、「〜の〜の〜の」と「の」が連続する文章になっている。説明している内容は理解できるのだが、どうにもスムーズな文章に感じられない。日本語は同じ音が近いところで連続して出てくるとリズムが悪くなりやすい傾向にあるため、こういった場合もできるだけ別の言葉に言い換えたい。修正したものが次の文書だ。

・早紀は学校の帰りに通る商店街の雑貨屋で手袋を買った。

こちらも目安としては語尾と同じく、三回以上連続しているようなら言い換える形にするといいだろう。ただ、こういった「の」のような助詞ではなく、名詞や形容詞、動詞などの意味を持つ単語の場合だと、二回以上連続するだけでも目につきやすい。例えば次のような文章だ。

・自分の名前を言うように言われ、裕太は名前を伝えた。

見ての通り、「名前」「言う」という単語がそれぞれ一文の中に二回ずつ登場する。スマートな文章でないのは、一目瞭然だろう。

このような文章も、次のように修正することができる。

・自分の名前を言うように促され、裕太は名乗った。

ふたつ目の「言う」を「促す」に言い換え、また「名前」は「名乗る」という動詞へと言い回しを変化させた。こうすることで、ひとつの文章の中で同じ単語が二回以上出てくるのを回避し、スマートな文章に修正されている。

こうした音の重なりも、気をつけて見直すようにすればすぐに見つけられる修正ポイントだ。どんな単語に置き換えれば読みやすくなるのか、そして伝えたい意味からずれることなく言い換えることができるのかに注意しながら、修正するようにしよう。

＊重言を避ける

もうひとつ、目で見て気付くことのできる修正ポイントがある。それは「重言」だ。

音の重なりについては先程解説した通りだが、この重言は**「二重表現」とも呼ばれ、同じ意味の言葉を重ねて使うこと**を指している。

例えば、「馬に乗馬する」「被害を被る」などが重言にあたる。前者は、「乗馬」だけで「馬に乗る」という意味を表しているので、そこに「馬に」とつけてしまうと同じ意味の言葉を重複させることになる。「馬に乗る」で意味としては充分なのだ。

後者についても同じことがいえる。音にしてみると「被害を被る」という文章でもそこまでおかしくはないように思われるが、字を見ての通り「害を被る」ことを「被害」と言う。つまり「被害を被る」は「害を被る被る」と「被る」が二回繰り返されている文章になっているのだ。「被害にあう」とすれば正しい文章になるだろう。

こういった重言は、例に挙げたふたつのように、同じ字が繰り返し出てくることが多い。そのため、見直しを行う時にもすぐに気がつくことができる。近い場所で同じ字が二回出てきた時、重言になっていないかどうかチェックしてみよう。

伝わりにくい文章とは

＊作者のイメージは伝わっているか

これまでに紹介してきた一文の長さや語尾、音や言葉の重なりなどは、視覚的に注意することのできる部分だ。しかしそういった、表面的に気がつくことのできるポイントではなく、もっと根本的な部分で「伝わりにくい文章」を書く癖が抜けないという人も、作家志望者の中には多い。

「伝わりにくい文章」とはつまり、「読者に情報を正確に伝えること」よりも「凝った言い回しやかっこいい単語を使うこと」を優先させている文章のことだ。

例えば「彼の腕から真紅の花びらが舞い散る」といった文章はどうだろう。確かに表現としては美しく思えるかもしれないが、これを作者が脳内に思い描いたイメージと同じようにとらえられる人は、果たして何人いるだろうか。

実はこれ、敵に斬られた「彼」の腕から血が飛び散った様を表現したものなのだ。しかし先の文章を読んで、「真紅の花びら」＝「血」とすぐに理解できた方はそう多くはないはずだ。「彼」が腕に抱えていた花束から赤い花びらが舞う様子を連想した方もいれば、何か特殊な能力で突然手の中に真紅の花が出現した様子を連想した方もいるかもしれない。

このように、作者の表現したいイメージと読者が受けるイメージが全く違う文章が、「伝わりにくい文章」ということだ。いくらかっこいい文章や美しい文章を書いたとしても、それが読者に伝わらなければ何の意味もない。こういったわかりにくい文章が続けば、読者は読むのを途中でやめてしまうかもしれない。そうなっては、いくらストーリーが良くとも結末まで読んでもらえず、悪い作品という評価を受けてしまう。そういった自体を防ぐためにも、常に「読み手に伝わる文章」を書くよう心がけてもらいたい。

＊情報と情緒

ただ、「読者に情報を伝えること」だけを意識しすぎると、文章は情緒のないものになりがちだ。読むには問題なく読めるのだが、「この文章が印象的だった」「この作者の文章が好きだ」という感想も持ってもらいにくくなる。バランスの難しいところである。

試しに、先ほどの例文を意味の伝わりやすい文章にしてみよう。この文章の問題点は、「真紅の花びら」が「血」であることがわかりにくい点だ。そこを解決すればいい。例えば、次のような文章にしてはどうだろうか。

・彼の腕から血が飛び散る。それはまるで、真紅の花びらが舞っているように見えた。

「真紅の花びら」という表現よりも先に「血」という単語を出すことで、その比喩がわかりやすくなっている。また、次のような修正の仕方もある。

・彼の腕から飛び散ったのは、真紅の花びらのような鮮血だった。

ひとつ目の修正のほうは、「真紅の花びらが舞う」という文章が印象に残るような形になっている。「情報」と「比喩」をふたつの文章に分けることで、後者が強調されるような効果をもたらしているのだ。

ふたつ目の修正のほうは、ひとつ目ほど「真紅の花びら」という言葉は強調されていない。しかし、文章としてはこちらのほうがまとまり良く、スムーズに読むことができる。

このように、**「正しい情報」と「情緒のある文章」の両方を含ませることができれば、読みやすく、かつ印象的な文章を書くことができる。**参考にしてみてもらいたい。

つっこみと興味

＊冒頭の重要さ

「堀川の大殿様のやうな方は、これまでは固より、後の世には恐らく二人とはいらつしやいますまい。」

芥川龍之介の『地獄変』は、このような書き出しで始まっている。

この文章を読むと、堀川の大殿様がどんな人物なのか、なぜそのような人物が後の世にも二人といないと思ったのかが気になり、そこから先の物語を読んでみたいと思えるからだ。

ここまで言えば、この節で何を解説するのか、もう勘付いた方もいるだろう。そう、この節では書き出しの注意点について説明を行っていく。

小説を書き始める時、その冒頭の文章に気を遣っているという人はどれくらいいるだろうか。**書き出しや始まりの数ページは、読者を作品世界に引き込むために非常に重要な部分だ。**ひいては、冒頭が作品の成否そのものにつながっていくとも言える。面白い書き出しではじめに読者の心をつかむことができれば、その勢いで作品を読み進めてもらうことができるからだ。

＊思わずつっこみたくなるような書き出し

では、次のような書き出しはどうだろうか。

・街で見かけたその女の子に、僕は一目惚れをした。由衣よりも遥かにかわいい顔をしている。

この書き出しでも、『僕』と『その女の子』の関係性はどうなっていくのだろう」と興味を持ってもらうことはできるかもしれない。しかし、後半の文章には思わず引っ掛かりを覚えるのではないだろうか。

「由衣よりも」と言われても、読者はまだ「由衣がどんな人物なのか」「『僕』と由衣はどのような関係性にあるのか」「由衣がどのような顔立ちなのか」を知らないわけだ。それなのに、いきなり「由衣よりも」と比較されても、読者は「いや、由衣って誰だよ」と思わずつっこみを入れたくなってしまう。文意を理解するための最低限の説明すらないために、このようなつっこみが入るのだ。

このように、**興味より先につっこみを入れたくなるような書き出しは、小説を書き慣れていないとやってしまいがちだ。**「読者には事前情報が何もない」ということをうっかり忘れてしまい、自分の頭の中にある「由衣」の情報を思わず持ってきてしまったからである。

＊ぼかしすぎに注意

書き慣れていないとやってしまいがちなことは他にもある。例えば、次のような書き出しを見てみよう。

風が吹いている。そこにはすべてがあったが、それらは炭と化し、今は何もない。寂しい光景を見ながら、彼は手の中のものを握りしめた。硬く冷たいそれ。その感触を噛みしめるように、瞼を閉じる。頭の中をよぎるのは、かつての日々だ。

すべてが終わった後のような寂寥（せきりょう）感を漂わせる文章だ。おそらく、そこで何が起こったのかがこの後語られていくのだろう。

しかしこの冒頭の文章、内容をぼかしすぎではないだろうか。「そこにあったもの」「『彼』がなのか」「手の中の何か」「かつての日々」いずれもぼんやりとした曖昧な表現になっており、いまいち情報が読み取れない。

これは、ぼかすことによってこの後に始まる物語への期待を高めようとした結果、情報を絞りすぎてしまったパターンだ。

適度なぼかしであれば、確かに読者の期待を高めることはできるだろう。しかしこちらの文章のように、あまりやりすぎると何も情報を読み取ることができなくなる。そうなると「結局何なんだよ」

とやはりつっこみが入るような冒頭になってしまい、読者をイライラさせてしまう。

関心を引く文章とつっこみを入れたくなる文章は、似ているようでまるで違う。読者に必要な情報を見極め、そのうえで思わず続きを読みたくなるような文章になるよう意識し、冒頭を書いていこう。

ガイドの不足

＊映像作品と小説の違い

本書を手にしている方は、その大半がライトノベルを読んでいることかと思われるが、中には日頃からアニメ作品もチェックしているという方もいるのではないだろうか。アニメ化しているライトノベル作品はたくさんあるし、ライトノベルとアニメは親和性が高いジャンルだ。

もしアニメは見ないという場合でも、ドラマや映画などを全く目にしたことがないという方はほとんどいないはずだ。これらの「ストーリー性のある映像作品」を思い浮かべてみてほしい。そして、その中の場面転換の部分に注目してみよう。

映像作品では、場面転換がされた時に背景が画面の大部分を占めるようなカットが用いられることがよくある。これにより、視聴者はキャラクターが今どこにいるのかを一目で理解することができる。

しかし、これをそのまま小説の技法に用いることはできない。当然ながら、小説には一目でわかる映像というものが存在しないからだ。ライトノベルであれば、一冊の中に五枚から十枚程度の挿絵が入るが、それだってシーンの転換ごとに入るわけではない。

一目で理解できる映像や絵が使えない小説の場合、シーンが切り替わるごとに「次のシーンでは誰が登場し、どこにいて、どうしてそこにいて、何をしているのか」といった情報を文章で明示しなければならないのだ。この情報のことを「ガイド」と呼ばせてもらう。

このガイドが不足しており、シーンが切り替わった後に何の情報もないままキャラクターが会話を進めていってしまうと、読者に混乱を与えてしまう。背景が真っ白のままキャラクターが喋り出すことになるので、場面のイメージができないのだ。これは非常に不親切であり、読者を置いてきぼりにしているのと同じことである。

＊背景を与える

こういった事態になるのを防ぐためには、意識してガイドを書き込むしかない。ある程度書き慣れてくると自然にガイドを織り込むことができるようになってくるのだが、慣れないうちはどうしても情報を落としがちなので、常に頭に置いておいたほうがいいだろう。

ただ、小説を書き慣れないうちでも、「キャラクターが何をしているのか」という情報についてはきちんと書かれていることが多いように感じる。やはり作者自身の書きたい部分や、頭の中にある映像として追っている部分がキャラクターの行動に寄っているからだろう。

逆に**抜けがちなのが「いつ、どこで」といった情報**だ。キャラクターを追うあまり、そういった背景になる情報を書き忘れやすくなっているのだ。これを忘れると、先述したように「背景が真っ白なまま」の状態になってしまうので、特に意識して書くようにするといいだろう。きちんと書き込まれていれば、それらのガイドがアニメで言うところの背景の役割を担ってくれるわけだ。

ガイドを入れた作品を作ることは、小説としての最低条件である。ここをクリアできていなければ、一次選考を通過することも難しい。**刊行されているライトノベルではシーンの切り替えの際にどのようにガイドを入れているのか確認してもらいたい。**そのうえで、自然にガイドを入れる手法を探っていけるといい。

説明の順番

＊イメージの食い違い

映像や絵では一目でわかる描写を、小説では何行にもわたって説明しなければならない。そして当然ながら、そこには文章の順番というものが存在する。

例えば、次の説明を読んであなたはどんなものをイメージするだろうか。

1、机には落書きがあり、「バカ」と書かれている。

頭の中にイメージは浮かんだだろうか。さて、先の一文の後には、次のような文章が続く。

2、机はスチール製。机はとある会社の一室にある。

2の文章が出るまでは、『教室にあるような木製の机』を想像した人が多いのではないだろうか。実際、私が専門学校の授業の中で1の文章のみを提示した時には、学生のほとんどが木製の机をイメージしていた。

このように、**説明する文章の順番が適切でなければ、作者と読者の間でイメージの違いは簡単に起きる。**例文では一行先に進めばすぐにイメージの食い違いに気付くことができるのだが、これが何行も先になって食い違いに気がつくような文章であれば、そこからまたページを遡り、正しいイメージで読み直さなければならないかもしれない。そういったことが何度も繰り返されるようなら問題である。そうならないためにも、説明の順番を気にしてほしい。

＊カメラワーク

先の例では、描写が「小さなもの」から「大きなもの」になるように描写がなされているのだが、この順番を逆にしてみるとかなりわかりやすくなる。

とある会社の一室に机がある。机はスチール製。
その一つには落書きがあり、「バカ」と書かれている。

この文章なら、『教室にあるような木製の机』を思い浮かべる人はまずいないだろう。とはいえ、常に全体から細部へと移るように説明すればいいわけではない。考えてみるといいのは、カメラワークだ。

小説とカメラワークという単語が結びつかない人もいるかもしれない。だが、描写というものが存在している以上は、何かを通して作中の光景を見ているということになる。

一人称であれば、この点は理解しやすい。視点となっているキャラクターの目がそのままカメラの役割を果たしているからだ。しかしこれが三人称になると、やや難しくなってくる。三人称は「神の視点」ともいわれるが、その場にいるキャラクターの誰でもない、第三者がカメラ越しに見ていると捉えていいだろう。

一人称の場合は、書いている自身を視点となるキャラクターに投影させることでカメラワークを考えればいいのだが、三人称の場合は作者がカメラマンとなり、映画か何かを撮影するようなイメージでカメラワークを作っていくといい。

書きたいことをまとめてみる

＊散漫な文章

小説を執筆している際、必ずしもスムーズな流れで文章が浮かんでくるわけではない。例えば、ある一文を執筆している途中で別の箇所に関する描写が浮かんでくる、ということもあるだろう。

せっかく流れを作ってわかりやすく説明しようとしても、思いついたままにあれこれ描写をしてしまっては、文章が散漫になってしまう。例えば次のような文章はどうだろうか。

黄色いバナナ、丸いりんごがテーブルにおいてある。バナナは熟れているのか甘い匂いが漂っている。それに色鮮やかなみかんも置いてある。バナナの皮はところどころ黒くなっている。りんごは青い。熟していないのではなく、こういう種類なのだそうだ。テーブルには赤い苺もおいてある。

いかがだろう。かなり読みにくいと感じたのではないだろうか。一文一文に問題があるというよりは、情報があちこちに行き来していて、まとまりがない印象を受けてしまう点が問題だろう。何がテーブルの上に置いてあって、どういう状態なのか、読み進めるごとにイメージするものが別の果物になるため、情報が頭に入りにくい文章になっている。

＊説明をまとめる

これをわかりやすくするために必要なのは、まとまりを作ることだ。初めにテーブルには何が乗っているのかを示し、その後でそれぞれの果物について、ひとつひとつを詳細に説明する形で言及していくのがいいだろう。

このようにまとまりを意識して修正したのが、次のような文章だ。

テーブルには、バナナやりんご、みかん、苺が置かれている。バナナは大部分が黄色いものの、ところどころ黒くなっている。甘い匂いも漂ってくるので、程よく熟れているのだろう。

りんごの皮は青いが、熟していないのではなく、こういう種類なのだそうだ。

みかんは色鮮やかな橙色に輝き、苺もみずみずしい赤色をしている。


先に挙げた例文では、バナナの説明からみかんの説明に移り、またバナナの説明に戻る、といったように説明が行ったり来たりしていた。しかし修正後の文章では、バナナの説明をすべて終えてからりんごの説明に移る、という形でまとまりを作っている。こうすることによって、すんなりと読める文章になり、情報が頭に入りやすくなったのではないだろうか。

アニメや漫画とは違う

＊アニメや漫画だけを参考にすると

この章に限らず、アニメや漫画をライトノベルと比較した記述はいくつか登場させている。親和性の高さ故に、比べやすいからだ。

ライトノベル作家志望者の中にも、小説だけでなくアニメや漫画も好きだという人は多い。だが、**アニメや漫画の表現をそのまま小説を執筆する際の参考にしているという人がいれば、そのやり方は見直したほうがいい**かもしれない。意識せずとも、無意識のうちにアニメや漫画に近い表現を使っているということもあるだろう。特に読んでいる小説の数が少なく、普段はアニメや漫画をよく見ているという人のほうが、それらの影響を受ける傾向にあるように思う。

多いのが、「セリフ以外に何を書けばいいのかわからない」という人だ。確かにアニメや漫画はキャラクターの会話を中心として話が進んでいくので、それらを参考にしているとセリフ以外の描写が思いつきにくいかもしれない。

しかし、そういった人は注意したほうがいい。例えば、小説にもアニメにも漫画にも「テンポ」というものが存在する。アニメや漫画だけを参考にして小説を書いていては、このテンポをうまく表現することができない。

＊テンポの表現

例として、訳あって別れることになる恋人同士、といったようなシリアスなシーンを想定してみよう。いきなり別れを告げられ、呆然とする女性。本当は別れたくないがその本心を告げることができない男性。複雑で切ない想いが交差するシーンになる。テンポでいうなら、非常にゆったりとしたもの、ひとつひとつの描写で丁寧にリズムを刻むようなものだ。

さて、これが漫画であればどういった表現になるだろうか。おそらく、そんなにセリフが多いシーンではないだろう。しかし、突然の別れを受け入れられない女性の表情や、本心を隠して拳を握りしめる男性、お互いにそれ以上近づけない距離感など、いくつものコマを使ってこのシーンを表現することになる。

しかし、小説は漫画とは違い、文章だけですべてを伝えなくてはならないのはすでに述べた通り。漫画では絵で表すことのできるこれらの表現が、小説できちんと描写できなければ、このシーンはひどく薄っぺらなものになってしまう。セリフが少ないシーンであるほど、それは特に顕著だ。「セリフ以外に何を書けばいいのかわからない」という人は、このシーンで言えば男性の別れを告げるセリフ以外に何も書けないことになってしまう。それでは、このシーンで必要とされる、ゆったりとした丁寧なテンポは表現できない。

こういった部分が、アニメや漫画と小説で大きく異なる部分である。テンポ、間の取り方、描写の仕方といったものは、アニメも漫画も小説もすべて同じというわけではない。**小説を書いていくのであれば、小説に必要な表現というものを知らなければならない**のだ。

＊武道をしてみよう

また、アクションシーンにおける表現もアニメや漫画、小説では大きく差が出て来る。絵や映像では目や耳でその迫力を体感することができる。しかし文字での表現で同じように迫力を出そうとしても、「蹴る」「殴る」といったような端的な表現だけではその威力は伝わらない。またひとつひとつの動きがわかるように描写することも必要だ。

そのため、**アクションシーンや戦闘シーンがある作品を書こうと思っている人にオススメしたいのが、武道を学ぶこと**だ。本格的にやらなくてもかまわない。基礎として半年ほど、週一や隔週で習ってみよう。
その際、

・距離感（間合い）
・気迫

などを特に意識してみてほしい。そうすれば、実際に自分でアクションシーンを書く時に臨場感が増すだろう。また、実際にどれだけの痛みがあるのか、人体のどこが弱点になるのかなど、実感してみて初めてわかる部分も多いかと思う。

オススメは、初めに剣道、その後に柔道の順番で習うことだ。剣道で間合いを、柔道で人の倒し方を学ぶといいだろう。

また海外へ行くチャンスがあれば、射撃場で実際に銃を撃ってみて、感触を確かめるのもありだ。扱い方はもちろんのこと、火薬の匂いや銃の重み、撃った際の反動を覚えておこう。それらは必ず執筆の際に役立つはずである。

文章だから表現できること

＊「文章ならでは」の強み

映像や絵を用いずに文章だけですべてを伝えるのは、確かに大変なことだ。しかし、**文章で表現するからこそのメリット**もある。

例えば、**匂いの表現**だ。夕方、道を歩いていて、どこの家からか美味しそうなご飯の匂いが漂ってくる――そんなシチュエーションの時、映像や絵ではこの「匂い」を形にして表現することはできない。しかし小説であれば、それが可能だ。その美味しそうな匂いは、どんな食事の匂いをしているだろうか。カレーかもしれないし、焼き魚かもしれないし、肉じゃがかもしれない。また、その匂いが記憶のどこかを刺激して、懐かしい思い出を呼び起こすかもしれない。一人暮らしをしていれば、その匂いが母親の料理を思い出させ、実家が恋しくなるかもしれない。

見知らぬ家から漂ってきた夕飯の匂い……そんな些細な要素だけでも、小説であれば多彩な表現が可能になる。

同様に、**触感に関する描写**も小説の強みだ。硬さや柔らかさ、重さや軽さ、そして温度。これらが極端なものであれば、映像や絵だけでも表現しやすい。

例えばものすごく大きくて重い石があったとして、それを持ち上げようと奮闘している人の絵だけでも、その重さは伝わってくる。しかしこれが、両腕で抱えられる程度の石であればどうだろう。両腕でやっと抱えられる重さなのかもしれないし、大きいから両腕で抱えているだけで重さはそれほどでもないのかもしれない。具体的にどのくらいの重さなのか、判別しにくいところがある。

こういった細やかな表現は、映像や絵だけではなかなか伝わりにくい。視聴者や読者に詳細に伝えようとするのであれば、やはりどうしてもキャラクターのセリフやモノローグという「文字」を用いて伝えなくてはならなくなる。それらの表現を地の文に埋め込み、話の流れを阻害せずに自然と読者に伝えることができるのは、小説の強みだ。

＊文章表現を楽しもう

どうすれば文章でうまく伝えられるか、それを探っていくためにはとにかく書いて経験を積んでいくしかない。「こうすれば読みやすくなる」といったアドバイスは可能だが、無数に生み出される文章のひとつひとつに「これ」といった明確な答えが存在しているわけではないので、毎度毎度答え合わせをしながら書いていけるわけではない。

一発で正解を導き出すのが不可能、というのが小説の難しいところであり、また面白いところである。明確な正解が存在しないということは、逆に自分なりの正解を描けるということでもあるのだ。

ただ、当然ながらその際に、「誰かに読んでもらう」という意識が抜け落ちてしまっては意味がない。そのことを頭に置き、文章だけで表現することの大変さ、難しさを理解したうえで、表現を楽しんでもらいたいのだ。

ただ大変、難しい、という印象だけでは小説を書いていくのが辛くなってしまう。**文章を書くこと、その行為自体を楽しいと思う気持ちを忘れないようにしよう。**

第9章

ビジュアル意識してますか？

CHAPTER 9

ライトノベルとビジュアルは大きな繋がりを持つ。そしてビジュアルを作るのは、イラストレーターだけの仕事ではない。作家が意識するべき「ビジュアル」とは何か――それは何も、キャラクターの見た目に限らない。

ライトノベルのビジュアル力

＊ビジュアルを意識するということ

ライトノベルを書く時にビジュアル――すなわち見た目を意識しているだろうか。まずはキャラクターの外見や背景など、実際に視覚的に見えるものをビジュアルと捉えて考えてみよう。要するにイラストのことだ。表紙を含め、ライトノベルにおいてイラストのビジュアルというのは非常に大きな影響力を持つ。小説なのだから、作家はそこまでビジュアルを意識しなくてもいい、その辺りはイラストレーターの仕事だと考えている方もいるかもしれないが、それは間違いだ。

ライトノベルを購入する読者の中には、いわゆる「表紙買い」をする方も少なくない。表紙が魅力的だから、好きなイラストレーターだったから、そういった理由で買ってくれる読者がいるわけだ。それだけでも、ライトノベルにおけるビジュアルの重要さが窺(うかが)える。

確かにイラストを描くのはイラストレーターの仕事だ。しかし、イラストレーターがどのようなイラストを描くことになるのか、その元となる要素は小説の中に詰まっているのである。**イラストになった時にどういったビジュアルになるのか、それを意識しながら小説を書いていく必要があるということだ。**

とはいうものの、イラストを描くのがイラストレーターである以上、できることはある程度限られてくる。それでも気をつけておいたほうがいい点というものは存在するので、この章ではそういったポイントについて見ていこう。

＊表紙の女性キャラクター

例えば、女性キャラクターを登場させるという点だ。作家志望者の中には、少年向けの小説を書いていても、ほとんど女性キャラクターを登場させない方もいる。そういった方は、いわゆる「萌え」を嫌悪しているようだ。主人公が都合よくモテモテになるような展開や、男性読者を狙いすぎたキャラクター、ちょっぴりエッチなシーンといったものを入れたくないようだ。

しかしながら、少年向けライトノベルで全く女の子が出てこない、表紙にも登場しないといった作品は、やはりそう多くはない。女の子の描かれている表紙が主流で、萌え系でなくとも女性キャラクターの存在が重要であることはわかる。主流となっているのはなぜか……言うまでもなく、それが「求められている」からだ。

本を購入するのは、作者自身ではない。**読者が望むことや惹かれるようなことをイラストレーターが表紙に描けないような小説では、購入にはつながらない。**読み手が見たいものが表紙に来ることを意識してみよう。

ライトノベルのビジュアル力——その2

＊目に見えないビジュアル

前項では視覚に頼った、表紙のビジュアルについてとり上げた。ここでは目に見えないビジュアルについて言及していきたい。「目に見えないビジュアル」と言われても、何のことだかピンと来ないかもしれない。**ここでいうビジュアルとは、小説を読む時のイメージである。**

ライトノベルに限らず、小説を読む時にはイメージを思い浮かべながら読んでいく人がほとんどだろう。文章を頼りに、頭の中で情景やキャラクターの容姿などを思い描いて脳内イメージを作り上げるわけだ。映像とは関係ないが、ライトノベルの読者の中には、声優の声をキャラクターの声のイメージに当てはめている人もいるかもしれない。いわゆる「脳内再生」と呼ばれているものだ。

頭の中で情報を補ったり、イメージを膨らませて鮮明にしたりしながら作品を楽しむのは、小説の持つ面白さのひとつといっていい。ライトノベルの表紙はそのイメージを補うため、わかりやすくするために存在している。表紙があるとイメージが鮮明になり、頭の中でアニメを見ているように、キャラクターたちを動かすこともできるだろう。

そこまで鮮明に映像化はしなくとも、少なからずキャラクターの容姿や行動についてイメージを膨らませる人は多いはずだ。そんな時のために、ビジュアルを意識したい。

＊イメージを固める

しかし、描写を細かく書き込んで読者にイメージを伝えたくとも、作者自身の中に明確なビジュアルが浮かんでなければ、そもそも書き込むことができない。実際に、頭の中でキャラクターや舞台のイメージがぼんやりとしか浮かんでいない状態のまま執筆を始めてしまうと、曖昧なビジュアルしか伝えることができず、薄っぺらい印象になってしまう。

そこで、まずは自分の中でキャラクターや舞台に関するイメージを固めておこう。もしイラストが描けるようなら、簡単に描いてみるといい。キャラクターの容姿であったり、主人公の部屋の間取りや通っている学校のイメージだったり、そういったものをイラストにして目に見える形にすると、執筆をする際に「どういう設定にしていたっけ」と悩まずにすむ。イラストを描くのが難しければ、特徴を文章で列挙するのでもいい。**ビジュアルに関する自分だけの設定資料集を作っておこう。**

キャラのビジュアル

＊パッとしないビジュアル

キャラクターのビジュアルを考える際にも、気をつけたほうがいい点はいくつかある。先にも述べた通り、イラストを描くのはイラストレーターの仕事だが、その元となる要素を作るのは作家の仕事だ。**「イラスト化された時にどうなるか」というビジュアル面のことにも気をつけながらキャラクターを作っていったほうが、実際に表紙などに描かれた時にパッと目を惹くキャラクターになる。**

作家志望者の生徒たちに、授業内でキャラクターの設定を考えてもらうことがある。その時、なるべく容姿の設定を細かく書き込んでもらうのだが、イラスト化した時のビジュアルのことにまで気が回っていない生徒が実に多い。

例えば異世界ファンタジーな作品で、主人公の少年を茶髪で少し長めの前髪、丸く大きな茶色の目で中性的な顔立ち、白いシャツに黒いズボン、茶色のブーツという設定にしたとする。一方、ヒロインはショートボブの茶髪、くりっとした黒い目。白いブラウスに茶色のキュロットスカート、編み上げの黒のロングブーツという設定だ。

この二人が並んでいるところを想像してみよう。正直、「あまりパッとしない」という印象を与えたのではないだろうか。

＊互いを引き立てる

問題点はいくつかある。まず一点目は、主人公とヒロインの特徴にほとんど性差がないことだ。主人公は大きくて丸い目で中性的な顔立ち、と少年でありながらも可愛らしい特徴になっている。前髪が長めというのも、中性的な要素を強くしているだろう。そしてヒロインのほうも、くりっとした目で可愛らしい印象の顔立ちだ。それでいて、ショートボブという短めの髪型や動きやすいキュロットスカートがどことなく活発な印象を与える。

このように二人とも、パッと見で「少年らしい」「少女らしい」という印象を強く訴えかける部分がなく、似たようなビジュアルになってしまっている。かといって、必ずしも「少年は少年らしく」「少女は少女らしく」したほうがいいというわけではない。要は、**キャラクター同士が並んだ時に引き立てあっているかどうか、が重要**なのだ。

片方のキャラクターを丸目にしたのであれば、もう片方はツリ目にする。片方をショートヘアにしたのであれば、もう片方はロングヘアにする。こんな風に、相方となるキャラクターとの差をつけてやることで、各々のキャラクターのビジュアルが引き立つのだ。

＊色の表現

二点目は、色合いである。キャラクターの全体の色合いを見てみると、茶色、白、黒と地味な色ばかりが使われている。これではイラスト化した時、パッとしないのは当たり前だ。

しかも、この場合は異世界ファンタジー作品という設定だ。現代日本が舞台であれば、キャラクターの髪や瞳の色に大きな差をつけるのはなかなか難しいかもしれないが、異世界ファンタジーであればもっと好きなようにできるはずである。ピンク色や水色、緑色の髪の人間が存在していても全く違和感ない。

中には、「あまり奇抜な色を使いたくない」というこだわりを持っている人もいる。しかしそれでも、金色や銀色などは人間の髪として充分に表現しうる色だし、瞳だって青や緑など、もっとさまざまな色で表現できるはずだ。また茶髪ひとつとっても、「ダークブラウン」「栗色」「赤みがかった茶色」など、さらに具体的に表現することができる。そういった細かい表現ができるかどうかが、ビジュアルで特徴が出せるかにかかってくるのだ。

また髪と瞳だけでなく、服にも同じことが言える。服は髪や瞳以上に自由に色を使うことができるのに、茶色と白と黒だけで非常に地味である。どういった色の服を好むか、そこもキャラクター性に大きく関わってくるところだ。単純に、クールな性格なら寒色系の服、元気な性格なら暖色系の服という括り（くく）りを自分の中で作ってしまってもいい。とにかく、もっと**目を惹くような色合いを意識してみる**ことだ。

＊服装を華やかに

三点目は、服のシンプルさだ。先ほど色が地味だということについては述べたが、ここでいうのは服そのものの地味さ、そして小物の類（たぐい）のことである。

キャラクターを考えるのが苦手だという方の中には、「服装を考えるのが苦手だから」という人が少なくない。普段あまりファッションに興味がなく、洋服に関する細かい単語がわからない、ということだ。

しかし間違えてほしくないのは、**誰にでもイメージできるような描写で服を表現してほしいのであって、アパレルショップの店員であるかのように専門用語を連発すればいいというわけではない**という点だ。

女性の服装に関する知識は皆無だという男性でも、レースやリボンなどの簡単な用語はイメージと結びつくだろう。例に挙げたヒロインの服装を、ただの「白いブラウス」から「襟口と襟周りがレースで縁取られ、胸元に大きなリボンが結ばれた白いブラウス」とするだけで、一気にイメージが華やかになったのではないだろうか。

また**ビジュアルという点では、小物も非常に重要**だ。髪飾りやネックレス、ブレスレット、ピアスやイヤリングなどの装飾品があるかないかでは印象が全然変わってくる。装飾品というイメージがないというキャラクターでも、グローブやリストバンド、バンダナなどの小物を足してやると、服や靴だけではどことなく物寂しい印象になりがちなビジュアルに華を添えることができる。

服装を考えるのが苦手な人は、シャツやブラウスといったシンプルすぎる表現に逃げがちで、小物についてもさして重要視せずにスルーしてしまう傾向がある。

しかし、ビジュアルを意識してもっと細かく考えることは、キャラクターを魅力的に見せることに繋がり、ひいては表紙の華やかさ、それに目を惹かれて購入する読者へと繋がっていく。その重要性を意識して、キャラクターのビジュアル設定を練ることにもチャレンジしてみよう。

情景のビジュアル

＊魅力的に思う情景

ビジュアルというとキャラクターの外見のことが真っ先に思い浮かぶかもしれないが、それ以外にも気にしなければならないビジュアルは存在する。それが背景である。

背景に関しては、先に触れた世界設定に大きく関係する。ここでは、その世界設定をビジュアルとして意識した時にどう見えるか、どう見せたらいいのかという部分について解説したい。

まず、実際に目で見ることのできる情景……現実にある風景であってもいいし、アニメや映画の中に登場する世界観でもいい。そういったもので、自分が特に好きだったり惹かれたりする情景はあるだろうか。レンガ造りの建物が並ぶ街並みが好きだ、山に囲まれた田舎の風景が好きだ、夕日の沈む海が好きだ、都会の夜の街が好きだ……人によって好みは無限に分かれるだろうが、何かしら「好きだ」と思うような情景があるはずだ。

情景描写というのは、ストーリーに直接関わってくるわけではない。しかしその情景描写が上手ければ、「こういう雰囲気好きだなぁ」と思う人の心に引っかかる。さらに大切なシーンで情景描写を活かすことができれば、映画のワンシーンのように強く印象づけることができる。

そして、その印象づけがうまくいけば、やはり表紙に描かれる可能性は高くなる。例えば海沿いの街が舞台であったとして、大事なシーンでたびたび海を登場させたとすれば、表紙に背景として海が描かれるかもしれないということだ。そうすると、その海の絵を綺麗だなと思った人や、海のある風景に心惹かれる人などが、表紙に目を止めてくれるかもしれない。

魅力的に見える情景、そして絵になる情景を意識して舞台設定を作り、情景描写を書き込んでいくことが大切だ。

＊非日常を描く

しかし、どんな風景を魅力的に思うかは人それぞれである。万人にとって魅力的である情景など、そう簡単に描けるわけがない。

なので、まずは「自分が」魅力的だと思う情景をしっかりと描けるようになればいい。その情景のどんな部分に惹かれるのか、その情景を見てどんな感情を抱くのか、作者自身が抱いている思いがそのまま描写に活かされる。

　また、少し変わった情景は人の目に止まりやすい。何の変哲もない駅の構内、満員電車の中、昼間のオフィス……そういった日常のどこにでも溢れている光景も、見せ方によっては魅力的に表現できる。しかしどこか非日常を感じさせる情景のほうが惹かれるという人は多いのではないだろうか。

　そのことを頭にとどめておいて、少しだけ日常から離れたような情景が描けるようになるといいだろう。**まるで読者が小旅行しているような、あるいは現実ではないどこかで生活しているような、そんな気分にさせることができたら成功だ。**

　世界観自体が変わったものであれば、その情景をうまく書き込むことによって非日常は表現しやすくなる。ファンタジー世界であれば、言うまでもなく「現実ではないどこか」を描くことができ、見る者を非日常に誘いやすい。

　だが、現実のこの世界を舞台にしても、「どこか」に読者を誘うことはできる。例えば、日本のとある場所に存在する街という設定で架空の街を作り上げれば、それはもう立派な「現実ではないどこか」なのだ。後は、先述した生活感にも関わることだが、そこが確かに人の生きている場所だと感じるようなリアリティを出せれば、「ここに訪れてみたい」と思わせるだけの説得力を持たせることができ、その情景は読者の目に魅力的に映るだろう。

＊時代村やテーマパークへ行こう

　自分で非日常を体験することも、創作に活かすうえで大切なことである。連休の時などは、少し遠出をして旅行してみるのもいいだろう。

また、**江戸時代や戦国時代をテーマにした時代村、ハウステンボスなどのテーマパークもオススメだ。**日常とかけ離れた世界を提供することがテーマパークの売りのひとつである。その世界を存分に堪能し、物語作りに活かすことができるはずだ。TV番組の『戦闘中』や『逃走中』で利用され、一般に開放されているところに行ってみるのも面白いかもしれない。

また、そういった場所へ出かける際に、あえて**交通機関を使わずに徒歩で行ってみるというのもいいだろう。**ファンタジー世界において、現代の電車や飛行機が存在することはそうないと思われる。その場合、移動手段は徒歩になるだろう（たまに馬車くらいは利用するかもしれないが）。その大変さがどれほどのものか、想像はつくだろうか？

それを体感するために、実際に足で歩いてみることも大事だ。普段はどうしても交通機関を使ってしまうが、この機に**人間の足で歩ける距離・疲労感などをリアルで感じてみよう。**もちろん距離や時間によっては、最初から最後まで徒歩というのは難しいかもしれない。そういった場合は交通機関も適度に利用しながら、人の足で歩ける範囲を実感してみるといいだろう。

情景のビジュアル——その2

＊情景描写は演出

しかし、情景の描写が苦手だという人は少なくない。ストーリーはどうしてもキャラクターを中心に回っていくため、セリフを繋げていくことで話を進めたり、設定の説明に気を取られたりしていると、情景描写にまで意識が向かないのだ。

だが、アニメやドラマなどを見ていてもわかる通り、カメラはキャラクターだけを映しているわけではない。セリフのかけ合いをしている間にも、情景の描写は入る。それは澄み渡った青空であったり、木の葉の間から差し込む陽の光であったり、水たまりに降り注ぐ雨であったり、さまざまだ。

ここで、**情景描写というのは何も「キャラクターがいる場所の遠景だけではない」**ということを説明しておこう。先述した青空や陽の光、雨といったような「キャラクターの視点」から見ることのできる細かな描写も情景描写に含まれる。先の項目では主に風景に関する部分について説明したため、混乱を生じさせるようで申し訳ないが、そういった広い視点で見たものだけが情景描写ではないということだ。

ただ淡々とキャラクターが会話しているだけのシーンでも、強く吹いた風に煽られて散る桜の花びらや、ゆらめく陽炎（かげろう）、軒先に垂れ下がった氷柱（つらら）……そういった情景描写を挟むだけで、一気に季節感や温度、空気感といったものを読者に感じさせることができる。ときには**キャラクターの繊細な心情描写を情景描写に重ね合わせることで表現することも可能**となる。

情景描写は演出のひとつだ。あまり「難しい」「苦手」という意識を持たずに、自然体で書くことでその描写は活き活きとしてくるだろう。

＊描写の範囲

情景描写が苦手な人の意見で、「どこまで描写するべきなのかがわからない」というものもある。**キャ**

ラクターが今いる場所を説明する時に、どれだけ細かいところまで書き込む必要があるのか、というものだ。

これについても、先程の「キャラクターの視点」から見てみることが大事だろう。例えば会議室のような白い壁に囲まれ、同じく白い長机がいくつも並んだ部屋にいるキャラクターの視点から、その部屋の説明をしてみることにする。その際、8章の「説明の順番」で解説したことも意識してみよう。つまり、「大きいもの」から「小さいもの」に順番に目を留めるということだ。

実際に自分が部屋の中に立ってみた時も、まず壁などの大きな面積を所有している部分が目に入るはずだ。そして次は、その部屋の中で特に存在感のあるもの――今回の例に挙げたのは会議室なので、いくつも並んだ長机がそれに該当する。その後は天井のライトや、壁に設置されているホワイトボード、長机に三つずつ備わったパイプ椅子など、ぐるりと見渡してみて目につくものがあるだろう。このように、先に目に入ってくるものから順番に描写していく。壁、長机、ライト、ホワイトボード、パイプ椅子――といったように。

さて、これらのものを丁寧に描写するだけで、状況説明のための情景描写としては充分といえる。例えばホワイトボードのトレイ部分に置かれたペンの本数であったり、床に残った十円玉サイズの染みであったり、そういった非常に細やかかな部分は、必ずしも描写しなければならないということはない。ただ、「必要ない」と断言することはできない。ときにはそういった細かいところが演出として活きてくる場合もあるからだ。ただし、キャラクターのいる場所の説明としては今挙げた部分で充分だといえるだろう。

すべてを詳細に書き込もうとすると、単純に文字数が増えすぎてしまうということもある。読者に情景のイメージを伝えるにはどこまで情報が必要なのかを判断し、そのうえで展開上あったほうがいいと感じる細かい描写などがあれば、それをひとつひとつ付け加えていくような形にするといいだろう。

印象深いシーンを作る

＊絵になるシーン

ここで少々話題を変えよう。あなたが作品を書いてみよう思った理由、書いた理由は何だろうか。もともと好きな作品があり、それに近い作品が書きたかったから、というのは理由として多いかもしれない。他にも、頭に浮かんできた物語を形にしたかったからというものや、こんなライトノベルが読みたかったから、というのが理由として考えられるだろう。

もう少し掘り下げてみよう。**書きあげた作品や書こうとしている作品を選んだ理由は何だろうか。読者にどこを見せたいのだろうか、何を伝えたいのだろうか。**

こういうと物語のテーマについて触れているように思えるかもしれないが、あくまでビジュアルの観点から考えてみる。**ストーリーの中で絵として重要な部分はどこになるのだろうか、**ということだ。

中には、「このシーンが書きたい」という明確なシーンがはじめからあって、そこを書くために作品を作ったという人もいるだろう。そういった作られ方をした作品は、絵になる部分がわかりやすい。その「書きたいシーン」がそのまま当てはまるからだ。

＊シーンの持つ意味

絵になるシーンというのは、読者の印象に残りやすい。読者は常にさまざまなビジュアルを想像しながら読み進めるが、そのシーンに差し掛かるとより鮮明にイメージが浮かび上がり、まさに「絵」として脳内に焼き付けられる。そういったシーンがない、例えば何気ない日常の場面ばかりが延々と続くような作品では、絵として頭に残る場面がないため、作品そのものの印象すら薄いものになってしまう。

しかしながら、その場面だけを書けばいいというわけではない。シーンは単独では存在できない。他の場面と合わさって初めてシーンの意味が出てくるため、当然ながらストーリーなどの流れも重要だ。

例えば、主人公の男性とヒロインが抱き合って喜んでいる場面を想像してみてほしい。これだけでは、何をやっているのか、何故喜んでいるのかがまるでわからない。ここに至るまでに、二人に別れがあったり、些細なすれ違いから仲違いしていたり、あるいは命の危険にさらされていたりといった経緯があれば、このシーンが大きな意味を持つようになる。**経緯を踏まえたうえでその場面を見ると、絵として印象深いシーンに変わる**わけだ。

この絵になるシーンについては、作品のテーマにも依存している。作品のテーマが決まると、それに見合ったクライマックスも見えてくるだろう。

絵になる場面というのはだいたいその付近に集まりやすい。読者が感情移入し、感動できたり、喜んだりできる場面があるはずだ。長く続いていた戦いが終わりを迎えたり、冒険を終えた主人公が故郷に戻ってきたり……その場面は作品によって違うが、絵にした時に映えるシーンを作るようにしたい。

ライトノベルには、何枚かの口絵や挿絵がついている。それらはいずれも、小説の中で絵になる場面をイラストにしたものである。どんな場面が取り上げられているのかは、いろいろなライトノベルを読みながら研究していきたいところだ。

それに加え、絵になるシーンを引き立てる日常を描いた場面にも注目しておきたい。「絵になるシーン」ばかりを意識しすぎるあまり、そうでない平坦な場面が全く無ければ、それはそれでいざ注目してほしいシーンが来た時にそれがわかりづらくなってしまう。バランスが大切だ。

印象深いシーンを作る――その2

＊読者が求めるシーン

前項では、作者が書きたい場面を中心に「絵になるシーン」を追いかけてみた。この項では、読者が求める「絵になるシーン」について考えていきたい。

絵になるシーンを把握することは、どんな作品を書きたいのかを作者自身が知ることでもある。そして、**どんな場面を読者が見たがっているのかまで逆算できれば、どのシーンで読者が喜び悲しむのかがわかる**ということでもある。小説に限らず物語は、作者が読み手をある程度コントロールできなければならない。話に流れや方向性がある以上は、読者の願望なども反映しなければならないためだ。

ライトノベルについている口絵や挿絵について少し触れたが、それらの**イラストには読者の見たい**

ものが少なからず表れている。例えば少年向けのライトノベルでいえば、女の子の肌の露出が多いシーン、水着や下着、それに類するセクシーな衣装を着ていたり、一糸まとわぬ姿の場合もあったりする。あるいは露出が少なめでも、ヒロインの可愛らしさを示すシーンなど、キャラクターの魅力を伝える場面ということもある。涙を流すシーン、照れるシーン、またクールなヒロインが珍しくほほ笑むシーンなども絵になりやすい。

主人公でいえば、かっこよさを示すために作中のキーとなるアイテムや能力を使っている場面が描かれたり、敵に囲まれるなど絶体絶命な場面が描かれたりすることがある。またライバルや黒幕、強力なモンスターなどの迫力のある場面がイラスト化されていることもあるだろう。いずれの場合にも、可愛さやかっこよさが的確に表されるシーンが選ばれていることがよくわかる。

少女向けのライトノベルであっても同様だ。少年向けのライトノベルでヒロインの可愛らしさが重要視されるのと同じように、少女向けのライトノベルでは主人公の少女の恋愛相手となる男性のかっこよさが重要視される。そのため口絵や挿絵では、その男性のかっこよさが表れるシーン、そして主人公との恋愛において大事なイベントとなるシーンなどが描かれる。それでいて、少年向けと同じように物語のクライマックスとなる盛り上がるシーンも絵にされている。

口絵の場合、本文を読む前にまずイラストが目に入ることになる。その時、先に述べたようなシーンを絵で見て、魅力的なキャラクターに興味を持ったり、このシーンはどういう状況なんだろうと引きこまれたりしたことはないだろうか。それらのイラストは、読者の物語に対する期待を膨らませてくれる。**作者が書きたいシーンも大切だが、どういうシーンがイラストになれば読者が楽しんでくれるか、それを意識して絵になるシーンを増やすことも大事になってくる。**

第10章

CHAPTER 10

推敲ちゃんとやってますか？

長い物語を一本書き終えるのは、非常に労力のいることだ。しかし書き上げたところで力尽きず、もう少し頑張ってみることで作品のクオリティをさらに上げることができる。作品を見直す際に気をつけるべきポイントとは？

ミスには濃度がある

＊ミスを見つける

長編を一本書き終えるのは、体力的にも精神的にも非常に大変なことだ。苦労して書き終わった後は、大きな達成感を得られるだろう。

しかし、そこで満足して終わりにはしないでほしい。書き上げた直後の昂揚した気持ちのまま作品を新人賞に応募するのではなく、その前に**必ず推敲――つまり作品の見直しを行うように**しよう。ミスなく完璧に書けたと思っていても、意外と誤字脱字はあるものだ。

推敲は一度だけではなく、何度かやってみるのをオススメする。何故かというと、ミスには「濃度」があるからだ。

濃度という表現はわかりにくいかもしれないが、見つけやすいミス、見つけにくいミスと言い換えてみてもいいだろう。一度推敲した時に見つけられるようなものもあれば、何度か見直す中でようやく発見できるものもある。

例えば、誤字脱字のようなミスは見つけやすい。

1、今日は改正、雲ひとつない天気だ。

2、私は昨日、本を買い行った。

一番目の文章は、「今日は改正」という部分に誤りがある。「改正」では文意がとれないので、正しくは「快晴」なのだろう。

今やほとんどの人が手書きではなくパソコンを使って執筆を行っており、新人賞の募集要項でもパソコンで執筆したものを求められることが多い。しかしパソコンを使って執筆を行うと、こういった変換ミスは非常に起こりやすい。難しい漢字も一発で変換できるために便利ではあるのだが、それだけに変換ミスには注意したいところだ。

二番目の文章は、「買い行った。」という部分に「に」が抜けている。「買いに行った。」というのが正しい。一番目の誤字に比べると少し気づきにくいかもしれないが、これも視覚的にすぐに間違いだと捉えることができる。

＊推敲の練習を重ねる

一方で、見つけにくいミスもある。例えば、読んだ人を勘違いさせてしまうような文章だ。次のような文章が考えられる。

・今日、翔は公園に行った。公園には多くの家族連れがいた。そこでサッカーを楽しんだ。

考えてみたいのは「サッカーを楽しんだ」のは誰か、という点だ。文脈からすれば、「翔」がサッカーをやった可能性が高いのだが、文章の流れからすると「家族連れ」がやったとも考えられる。このような文章を書くと、作者自身は意図した通りに文意を捉えられるが、他人が読んだ時に語弊が生じるかもしれない。

　誤解を与えるような文章は何度か読んでみないと気がつかない。しかも他人が読んだ時の視点から修正箇所を見つけなければならないので、書き上がってからある程度時間を置き、**執筆後の高揚感がおさまって冷静に作品を見られるようになってから、繰り返し推敲する**のをオススメしたい。

　また、推敲は新人賞に応募する作品に対してのみ行うのではなく、普段から見直す癖をつけておこう。先ほども述べたような、「他人が読んだ時の視点」も意識しながら自分の作品を読むのは、なかなか難しいことだ。新人賞に応募する時だけ見直そうと思っても、ぶっつけ本番ではしっかりと推敲できないことが多い。普段から見直しを行うようにして推敲の練習をしておけば、感覚でコツがつかめるようになる。はじめのうちは気がつかなかった修正箇所にも、徐々に気がつくようになってくるものだ。

　普段から執筆力を鍛えるためにショート・ショートや短編などを書いているのであれば、それで推敲の練習を重ねるのが一番良い。そのほかにも、日記を書いているのならその文章を見直すようにしたり、ＳＮＳなどで短い文を送る際にも必ず見直すようにしたり、とにかく「見直す」癖をつけよう。

　推敲以外にも言えることだが、コツコツやることでしか上達は期待できない。焦らずじっくりと技術を磨いてもらいたい。

見落としがちなミス

＊事実関係は正しいか

前項では誤字や脱字、文意の伝え方などについて触れたが、それらは比較的さらりと読んでいても気付くことのできるミスだ。しかし、さらに注意深く読まなければ気付けないミスというものもある。

次の文章を見てほしい。

> 二〇一二年――四年前のあの日、僕らは間抜けな出会いをした。忘れもしない六月十五日。日曜日の誰もいない学校。教室での二人きりの時間が異常に長く感じたのを覚えている。

さて、この文章のミスに気付いた方はいるだろうか？　誤字や脱字は見られないし、文章自体にも特におかしな点は見当たらない。物語の冒頭に登場しそうな、「僕ら」の関係性と「あの日」に起きた出来事への興味をそそられる導入部分といえるだろう。

注目してほしいのは、登場する日付だ。二〇一二年六月十五日。――実はこの日付を調べると、正しくは金曜日であることがわかる。作中には日曜日とあるが、これは間違いなのだ。

このように、**文章のミスだけではなく、事実と異なることを書いていないかどうかを確認するのも、推敲でチェックする際のポイントだ。**

これは何気なく読み流しているだけでは見落としがちなミスである。先の文章を見てすぐに曜日が正しいかどうか調べた人は、かなり注意深く見ることができていると言えるだろう。自分の作品を推敲する時にも、その注意深さを大事にしてもらいたい。

＊情報を出す順番

他にも、注意深く見直すことで気付けるミスというのはある。情報を出す箇所が間違っていないかどうか、というのもそうだ。

例えば、主人公が初対面の人物と出会うシーンにおいて、相手が名乗る前から地の文でその名前を出したりしていないだろうか。例文を出すなら次のようなものだ。

> その男は一度あくびをした後、寝起きの不機嫌そうな目でこちらを睨んできた。誰もいないと思って昼休みの屋上で優雅に昼寝をしていたのだろう。その眠りを妨げた乱入者に、宏は酷く気分を害しているらしい。
> 「あっ、ご、ごめんなさい!」
> 咄嗟(とっさ)に頭を下げた美絵の目に飛びこんできたのは、生徒手帳だ。寝転んでいるうちに、彼のポケットからこぼれ落ちたものらしい。
> ――葉月宏。
> どうやら、それがこの男の名前のようだ。

最後の二行から、主人公である美絵はその生徒手帳を見るまで、彼の名前を知らなかったことがわかる。にもかかわらず、二行目ですでに「宏」という名前が登場している。これは、作者自身がこの男の名前を「宏」であることを知っているためにうっかり書いてしまったというミスだ。

こういったものも、他人の視点からの見直しを意識することで気付けるミスである。情報を出す順番は適切かどうか、何も知らない他人が読んで違和感のない文章になっていないか、注意して推敲するようにしよう。

説明は足りているか

＊世界設定を読者に伝える

他人の目線で読む際、他にも気をつけてほしいことがある。それは読者に対してきちんと説明ができているかという点だ。特に世界設定については、説明をするタイミングが難しいという人が多い。

しかし世界設定の説明が不十分なまま話が進んでしまうと、読者はその世界における特殊な設定や固有名詞、それに常識や価値観といったものが理解できないままに物語を追わなければならなくなってしまう。そうなると、何が起きているのか、キャラクターがどうしてそのような行動をとっているのかといったことが読者は理解できない。そこがわからなければ、どんなに面白いストーリーでものめり込めなくなる。

読者をストーリーに巻き込むためにも、世界設定はしっかりと読者に伝えなければならない。世界設定を説明するのは意外と難しいことだ。ほとんどの人は、作品を書く前に世界設定を考え終わっている。自分の頭の中にある設定を、何も知らない他の人に説明しなければならないわけだ。「自分ではわかっていて当たり前」な状態で執筆を進めることになるので、ついつい世界設定の説明を忘れがちになってしまう。だからこそ、書き終えた後に確認してほしいのだ。

かといって、物語の冒頭でいきなり世界設定を長々と説明するのは良くない。いきなり膨大な量の設定を説明されても、読者はすぐに頭に入れることができない。そこで、世界設定を説明する際のポイントを紹介しておこう。

＊エピソードで説明する

一番すんなりと頭に入ってきやすいのは、エピソードの中で説明を行うという手法だ。例えば、『魔物が存在し、人が食い殺されることがある』『魔物は魔法を使うことでしか倒すことができない』という世界設定であるとする。

この場合、一章に入ってすぐの辺りで、主人公がとある事件に遭遇するエピソードを設けるとしよう。主人公が魔法を使えるという設定であれば、魔法を使えない一般人が魔物に襲われているシーンに遭遇させ、魔法を使って魔物を倒し、救出してやるという展開にする。そして助けた一般人が主人公に対して、「俺は魔法が使えないから魔物に抗う術がない。あんたが来てくれて良かった」というような礼の言葉を述べれば、読者は「魔物は魔法を使う人間でないと倒すことができないんだな」と理解することができる。

主人公が魔法を使えない設定でも、同様にエピソードの中で見せることができる。その場合は主人公が魔物に襲われる側で、咄嗟に持っていたナイフなどで反撃しようとするが、魔物には傷一つつかない。そこに魔法の使えるキャラクターが登場し、魔物を倒すような展開にすれば、やはり魔物は魔法によってしか傷つけることができないことが伝わるだろう。また、この場合だと主人公を助けたキャラクターは、物語においてそれなりに重要なポジションに置かれることになりそうだ。その登場シーンとしてかっこ良く演出することもできる。

このように、**地の文でつらつらと設定を語るのではなく、エピソードを用意してその中のキャラクターの行動や会話で説明を行う、というのが一番良い方法だ。**こうすることによって、読者は物語を追いつつ自然と説明を頭に入れていくことができる。

＊セリフと地の文で説明を

よく、「キャラクターの会話で設定の説明を」というと、会話文だけですべて説明してしまおうとする人がいる。「○○年に△△という名前の巨大ロボットが完成し、それを扱えるのは□□という能力を持った人間だけなんだろ？」というように、セリフの中に説明を全部入れ込んでしまうのだ。しかし、これでは明らかにセリフとして不自然であることがよくわかるだろう。

しかも、その世界の知識を何も知らない——例えば異世界からトリップしてきたような相手に対してその世界のことを説明してあげている、というシチュエーションならともかく、お互いにその世界で生まれ育ち知識を共有しているキャラクター同士にこういった会話をさせがちだ。常識として知られていることを、相手がすでに知っていて当然であることを、何故か事細かく説明するという不自然さ……そこに気がつかなければならない。

こういった不自然さは、地の文をうまく活用することで解消できる。例えば先ほどのセリフを、地の文を用いる形で修正してみよう。

「俺には、△△を操縦する力はないから」

そう言ってうつむいた彼に、僕は何も言えなかった。

△△——それは◯◯年に完成した、巨大ロボットだ。敵に対抗しうる兵器として、その完成には世界中が沸いたものだ。

ただし、それを操縦することのできる人間は、限られていた。

彼は顔を上げて、悔しさの滲んだ表情で、僕の目をまっすぐに見つめながら、再び口を開いた。

「でも、お前は□□を持っているだろう?」

……そう、僕にはその「限られた」能力が備わっていた。

△△を動かすのに必要不可欠な、□□と呼ばれる能力が。

いかがだろうか。この世界特有の固有名詞をキャラクターのセリフの中に入れつつ、それを地の文で補足する——という形にして修正した文章がこちらだ。セリフとしても不自然さはなく、地の文の補足が入ることによって理解しやすくなっているのではないだろうか。

この、**「セリフに出てきたことを地の文で補足する」という手法を意識しながら書くことで、わかりやすい説明ができるようになってくる**だろう。

説明は足りているか――その2

＊キャラクターの説明

説明が必要になるのは、設定だけではない。キャラクターについても同様である。ただし世界観と違って、キャラクターは話したり、行動したりする。そのため説明をしなくてもわかる情報というのは存在しているのだが、**「説明の仕方を考える」という点では、世界設定もキャラクターも同じ**である。

例えば、「他人を信じられないキャラクター」を描くとしよう。そのキャラクターは、友人に裏切られて死にかけたという過去を持っている。この場合、「友人に裏切られて死にかけた」という過去の出来事を、どのように表現するだろうか。

これも、ただ地の文で「彼は過去に友人に裏切られて死にかけたことがある」と説明するだけでは、非常に味気ない。もしこういった一文が出てきたとしても、読者は「後でこの過去に関する詳しい話が出てくるだろう」と考えるだろう。しかし詳しい話が何もないまま、ただ「このキャラクターはこういう過去を持ってるんですよ」という説明のためだけに先の一文を入れたのだとしたら、それは説明不足と言わざるを得ない。彼がその過去の出来事でどれだけ酷い目に遭い、他人を信じられなくなるほどの深い心の傷を負ったのかが、全く伝わってこないからだ。

キャラクターの説明をする時は、ただ単に設定として決めた事実をそのまま書き記せばいいというわけではない。考えた内容をいかに面白く伝えるか、いかに共感してもらうか、そういった点に気をつけるのが大切なのだ。例に上げたキャラクターの場合も、「他人を信じられない」という部分を、それゆえに起きる問題や苦しみ、戸惑いといったものを話の中で描いていき、そのうえで過去の出来事を回想で見せたり、彼の口から語らせたりするなどのエピソードで説明することができるといい。**こういったキャラクターの過去以外にも、長所や短所、嗜好や信念なども見せなければならない部分**だ。すべてを見せられるかどうかは難しいところだが、キャラクターに好感を持ってもらうためには長所や短所だけでもきちんと見せておきたい。

＊外見の描写

ここまでキャラクターの内面を中心に話をしてきたが、もちろんキャラクターの情報はそれだけではない。見直しが必要なのは、外見の情報に関しても同じである。

キャラクターのビジュアルについてはすでに話した通りだが、いくら意識して作ることができていたとしても、その描写がおざなりになってしまっていては、何も伝わらない。顔の造形やヘアースタイル、どんな服を着ているかなど、ビジュアルに影響する部分をきちんと描写しなくてはならないのだ。

作家志望者の多くは、意外とこの部分を蔑ろにしがちである。読者が実際に目で見ることのないビジュアルの部分の描写に力を入れるのは、無駄だと思う人もいるかもしれない。しかし、描写がなければ想像はできないのだ。読んでいる側は、文章を頼りにイメージを膨らませる。描写がない文章では、膨らませるイメージのビジュアルすら浮かんでこないということだ。

読み返す時には、読者のために、自分の作品中の記述だけでどこまでキャラクターの外見がイメージできるのかを確かめながら読んでみるといいだろう。はじめはうまくいかないかもしれない。ここまでにも繰り返し述べてきたように、「読む前に情報がすでに頭の中にある」からだ。まっさらな状態での読者視点で読むというのは、なかなか難しいだろう。けれど、続けていくことで徐々にうまくなっていく。

キャラクターを描くことにこだわるのは、そのイメージが作品の成否に大きな影響を及ぼすからだ。

先述の通り、ライトノベルはキャラクター小説とも呼ばれるくらいキャラクターが重要視されている。読者がキャラクターをイメージしやすくなるように、外見、内面をきちんと伝え、生き生きと動いている様子を描き、個性を示していこう。そうすることで、あなたの書くキャラクター、ひいては作品がより魅力的になっていくだろう。

どこまで修正するかを考える

＊修正の「大きさ」

推敲をしていると、いろいろ気になることは出てくるだろう。誤字や脱字などは修正にそれほど時間がかからないし、ミスはできるだけなくしておきたいので、見つけた場合は修正を行うべきだ。説明不足も同様に、気がついたなら修正するべきである。しかし、修正したいと思う箇所は、そういった必ず直さなければならないミス以外にも出てくるかもしれない。

書き終わった作品を読んでいて、ストーリーやキャラクターに関して修正したい箇所や、追加したいアイディアなどが浮かぶことは珍しくない。「こんなキャラクターを入れると面白くなりそうだ」「ここでこんな事件を起こすと盛り上がりそうだ」「このキャラクターのセリフは矛盾しているな」「ここの設定は少しおかしいかもしれない」……など、作品をより良くしたいという思いから、いろいろな修正案が頭をよぎるだろう。

読み返していてこういった修正案が出てくるのは、非常に良いことだ。自分の作品を客観的に見ることができているということでもあるし、そのうえでさらに良くするためにはどうしたらいいのかをちゃんと考えられているからだ。しかし、だからといってすべての修正を反映させればいいのかというと、それは少し待ってほしい。

矛盾や違和感のある箇所などは、修正するべきだろう。そういった箇所を放置しておくと、物語を読んでいて引っかかる部分を残してしまうことになる。

そうすると読んでいる側はその引っ掛かりが気になってしまい、以降の物語が素直に頭に入ってこない。また、修正しないまま仮に作品が出版されたとしても、読者からのツッコミが入る可能性がある。

また説明不足と感じた部分に関しても、同様に加筆を行ったほうがいい。不足部分に気付けたということは、かなり読者の視点から推敲ができているといえる。読者がより理解しやすくするためにはどうすればいいのか、考えながら説明を足していこう。

しかしアイディアの追加などについては、修正の「大きさ」に目を向けたほうがいいだろう。まず、**修正には「文章レベルの修正」と「プロットレベルの修正」のふたつがある**と考える。このうち、前者は先に挙げた誤字や脱字といったもので、修正の大きさはそれほどでもないものが大半だ。対する後者は、キャラクターの設定、事件の追加や削除、ストーリーの流れの変更など、書き上げた原稿というよりも、その設計図となるプロットの段階から修正されるようなものがここに属する。

＊プロットレベルの修正には注意

文章レベルの修正はどんどん行うべきなのだが、プロットレベルの修正ではそれがどれくらいの大きさになるのかを考えてからやったほうがいい。例えば「主人公とヒロインの惹かれ合う過程でもうひとつ何かエピソードが欲しい」と思ってシーンを付け足すような場合であれば、そんなに大きな修正にはならないだろう。それに合わせて他のシーンでも多少セリフなどを変えるような必要はあるかもしれないが、物語に影響を及ぼすような修正ではない。

しかし、下手をするとプロットの内容の大半が変わるような修正になってしまうこともある。例えば、主人公と友人の男が二人で生まれ故郷を旅立ち、冒険に出て聖剣を入手し、やがて魔王の城へ乗り込んで倒す……というあらすじの物語を書いたとしよう。しかし作品を書き終わった後で、ヒロインとなる女性キャラクターを登場させ、なおかつ主人公との恋愛も入れたいと考えたとする。

この場合、追加するキャラクターを作るという作業、そのキャラクターをどのようにストーリーに登場させるのか、どのような過程で主人公と惹かれ合うのか、などかなり大掛かりな修正を行うことになってしまう。このレベルの修正になってしまうと、もはや作品をすべて書きなおさなければならない勢いだ。下手をすると、修正にとりかかっているうちに応募する予定だった新人賞の締め切りが来てしまうかもしれない。

修正をする際には、その大きさや範囲を見極め、新人賞の募集締め切りとの兼ね合いを見ながら、できる範囲で行うようにしよう。

どこまで修正するかを考える——その2

＊修正の「効果」を考える

修正を行うべきかどうかの判断材料として、それによる「効果」にも目を向けたい。その修正がきちんと意味のあるものになっているのかどうか、ということだ。

新キャラクターを登場させるという修正を加えたとして、そのキャラクターが物語の中で活躍していなかったり、他のキャラクターに何の影響も与えていなかったりすれば、それは追加する意味がないといえる。新キャラクターがいわゆる「空気」な状態で、登場させてもさせなくても変わらない存在になってしまっているのだ。そんな修正を行ったところで、時間の無駄である。それよりも、その新キャラクターを活かせる別の作品を書いたほうが、よほど効率的だ。

キャラクターに限らず、ストーリーでも設定でも、追加をする要素が物語の中できちんとした役割を持っていないようであれば、無理にその作品にねじ込む必要はない。**本当にその要素を加えることで作品がよくなるのかどうか、修正を行う前にその効果についてよくよく考えるようにしよう。**せっかく考えた新しい要素を、無意味に消費してしまうのはあまりにももったいない。

＊ひとつの作品にこだわり続けない

「作品を書いた以上は完璧を目指す」のは悪いことではない。何度も修正を繰り返して、一本の作品を完璧な状態にする、という目標は素晴らしいものに思える。しかし実際のところは、修正作業を繰り返しても小説を書く能力はそれほど向上しない。**作る作品を増やしたほうが技術の向上は望める**というのが事実だ。

完璧にこだわりすぎず、「ここまでだ」と割り切って、作品との決別を図ることも必要になってくる。長編小説を執筆している間、ずっと一緒にいたキャラクターや世界に愛着がわくこともあるだろう。別れるのは名残惜しいことかもしれない。

しかしひとつの作品にずっとこだわっていては、そこから前には進めない。実際問題として、新人賞の募集締め切りのこともある。時間は無限にあるわけではない。ひとつの作品にこだわっているうちに、どんどん時は流れていってしまう。自分の中で区切りがついたところでその作品からは手を引いて、次の作品を書き始めるようにしよう。気持ちを切り替えて、新しい作品に取り組んでもらいたい。

小説を書く力も、さまざまな作業と一緒で数をこなすことによって徐々に上達していくものだ。ずっと同じ作品にかかりきりで頭を悩ませ続けるよりも、ひとつひとつを着実に完成させていくことで執筆する力がついていく。自分のスキルアップのためにも、同じ作品にこだわり続けないことは大切なのだ。極端な言い方になってしまうかもしれないが、何ヶ月も、何年も時間をかけた作品が必ず新人賞を獲るとは限らない。

「これで絶対に新人賞を獲る！」という意気込みで作品を執筆するのは大いにかまわない。

だがその思いが強すぎてなかなか他の作品に取り掛かれないようでは、新人賞を獲れたかもしれない他の作品の執筆時間を失ってしまうことになる。特に**初めて長編を書く時などは、いきなり完璧な作品を仕上げようとするのではなく、まずは長編を一本書き上げる練習ぐらいの気持ちで執筆するのがいい**だろう。

自分の作品をほめてみよう

＊卑下だけでは駄目

推敲をする時、その性質上批判的なものの見方になりやすい。そのうえ、作家志望者には完璧主義者が多いように感じられる。自分の作品を卑下するような考え方をする人もいるのではないだろうか。それはそれで立派な態度ではある。「これじゃ満足できない」「本当に書きたかったものと何かが違う」……そういった不満は、次の作品を書くエネルギーにもなるからだ。しかしあまりにもそれが過ぎてしまうと、自分の書くものにどんどん自信がなくなってしまい、モチベーションの維持が難しくなる可能性がある。

駄目だ、駄目だと思い続けていると、今度は逆に作品を書くこと自体が嫌になってやめてしまうかもしれない。作家になるべく努力したのに、作品を書くこと自体が辛くなってしまうようでは、本末転倒である。

モチベーションを保つためにやってみてほしいのは、自分の作品をほめることだ。**大切なのは「自分で自分の作品の良さに気付くこと」である。**

常に批判的な目で自分の作品を見ていると、その作品の中にある良さからも目をそむけることになりがちだ。良いポイントは次の作品以降にもどんどん活かすべきだ。そのため、自分の作品をほめて良いところを拾っていこう。

＊商品としての良さを理解する

とはいえ自分の作品の良いところを「客観的に」とらえるのは非常に難しい。だが小説家になるということは、小説を商品として売るということでもある。商品の良さを理解し、的確に言えることは非常に重要な才能になる。

例えば、あなたが服を買いに行って何を買えばいいのか迷った時、店員に商品の情報を尋ねるようなことはないだろうか。そのとき商品説明が返ってこなかったり、「どこがいいんでしょうね」という曖昧な答えを返されたりしたら、少なくともその店で買うのをやめるのではないかと思われる。

作家にも同じことが言える。自分の作品の何がいいのか、どんなところが売りなのかを説明できなくては他人を魅了できない。読者にそれを伝える機会は少ないかもしれないが、少なくとも編集者には伝える必要がある。例えばプロットの打ち合わせを行う時にその良さを上手に伝えられるかどうかは、作品を刊行できるかどうかにも関わってくるからだ。どこが面白いか、今まで刊行されている作品とどう違うのかを説明できるようにしておきたいところである。**自分が良いと思ったところは、恥ずかしがったり自惚れだと思ったりせずに、胸を張って「良い」と言えるようにしよう。**

＊他人に感想をもらう

また、他人に読んでもらって感想をもらうというのも、モチベーションを保つひとつの方法である。作家志望者には、人からの感想を欲している人も多い。率直な意見をもらうことで、やる気につながるという人もいるだろう。

ただ、インターネットに作品をアップして感想をもらう、というのはあまりオススメしない。インターネットでの感想は、それがプラスな意見にしろマイナスな意見にしろ、過激なものになりがちだからである。

一番良いのは、小説には興味があるけど作家志望ではない友人や家族など、ある程度親しい人に読んでもらうことだ。**「読みやすさ」「読むのにかかった時間」「疑問」などをポイントに、感想をもらうと**いいだろう。

時には自分が思っていたのと違う感想が出て来ることもあるかもしれない。しかしそれを悲観的に考えずに、その感想を踏まえたうえで改めて自分の作品を見つめ直そう。そして良いところは磨き、悪いところは改善するようにすればいい。

自分の作品をほめてみよう——その2

＊次に活かす

自分の作品の良さを見つける時は、修正箇所を見つける時と同じように日を置いてから読んでみよう。内容は覚えているかもしれないが、それでも書き終えた直後の昂揚している気分の時よりは冷静に読めるはずだ。自分の作品のどこが面白いのかを、読者のつもりで見つめ直してみるといいだろう。

「主人公の男の子と幼馴染の女の子の会話はなんとなく書いていただけだけど、改めて読むと面白い掛け合いになっていた」、「友情をメインに書いていたが、意外と恋愛に関するシーンも面白く書けている」など、それまでとは違う感覚で作品を読むことができるかもしれない。それができれば、次の作品にも活かせることがわかってくるだろう。

主人公と幼馴染の掛け合いが面白かったということなら、二人のキャラクター性に目をつけてみよう。あまり意識していなかったかもしれないが、その二人は自分にとって「書きやすい」キャラクターだったのだ。そういったキャラクターを見つけられると、自分の作品の中にどういった登場人物がいれば物語を動かしやすくなるかが理解できてくる。

また後者のように、メインで書いていたつもりの部分とは別のところに面白さを見出した、というのもよくあることだ。これは**書きたいものが書けていなかったというネガティブな捉え方ではなく、本当に書きたいものを見出したというポジティブな解釈をする**といいだろう。書きたいものが新たに見つかったなら、今度はラブコメや恋愛を重視したストーリーを書いてみるのもいいかもしれない。このように分析して、次につなげてみよう。

＊自分をほめる

そして**最も評価するべきなのは、長編執筆という重労働をしたこと**だ。これは自分自身で存分に賞賛すべきだろう。

長編は、原稿用紙に換算しておよそ二五〇枚から三〇〇枚程度、字数に換算するとい十万文字を超える執筆量だ。それだけの長い物語を書き上げるというのは、なんとなく「やろうかな」と思ってできることではない。一日で書き終えられるわけもなく、何週間も、何ヶ月もかかってようやく完成することができるものだ。「疲れたから誰か書くのを代わってくれ」と言うわけにもいかない、孤独な戦いである。体力的にも精神的にも時間的にも、たくさんのものを消費しながら何とか完成に辿り着くのだ。

それだけのことを成しとげた自分自身を、遠慮なくほめてかまわない。「長編を一本書き上げた」ということは、大きな自信になる。自分にも長編が書けるんだという事実を活力にして、次の作品を書く意欲につなげてもらいたい。そうしてモチベーションを保ちながら、どんどん作品を書いていこう。

また長編を一度書き上げたことで、一本書き上げるのに大体どれくらいの時間がかかるのか、という目安がわかりやすくなったはずだ。そのことで今後のスケジュールが立てやすくなり、新人賞に間に合わせるための計画も見通しがつきやすくなるだろう。「次は今回よりも早く書けるようになろう」と執筆のペースを上げる目標を立てるのもいい。

時には「前に書いたもののほうが良かった」と落ち込むこともあったり、「予定通りに進まない」と焦りや苛立ちを感じることもあるだろう。しかし、それらはすべて前に進んでいる証拠である。自分の成長を信じて書き続けていけば、新人賞の受賞は決して夢ではない。

オススメ読本

ライトノベルを書くならライトノベルだけ読んでいればいい、というわけではない。ライトノベルだけでは得られる知識が偏ってしまうからだ。また、他のジャンルの知識や方法論をライトノベルに応用することもできる。ここでは昨今刊行された小説を中心に、経済小説から定番作品、ライトノベルまで著者オススメの小説を紹介する。すべて読むには時間がかかるかもしれないが、うまく計画を立てて読破してほしい。

＊黒木亮氏の経済小説

「ハゲタカ」シリーズ（真山仁／講談社文庫）や高杉良作品など、エンタメとしてとても面白い経済小説はたくさんある。その中でも、この項目では黒木亮氏の作品を紹介したい。経済小説を書く予定がなくても、普段知らないさまざまな経済行為を知ることができるので、黒木氏の作品はおすすめ。

経済と聞くと難しいイメージがあり、近寄りがたいかもしれない。それを小説で読むことで楽しみながら知っていくことは有意義ではないだろうか。

また、ファンタジーやSFの世界設定を構築するにあたって、現代の経済の仕組みを知っておけばリアリティが増すだろう。黒木氏の作品の中で、私が厳選するのがこちら。

『トップ・レフト　ウォール街の鷲を撃て』（角川文庫）

邦銀（外国にある日本の銀行）のロンドン支店を舞台に、国際金融の現場をリアリティ抜群に描いている。

『巨大投資銀行』（日経文芸文庫）

邦銀からアメリカの投資銀行に転職したエリート銀行マンを通して、投資銀行のリアルを赤裸々に活写されている。

『貸し込み』（角川文庫）

邦銀時代のあずかり知らない融資をもとに、アメリカに移ったあとで責任を追求された主人公の戦い。

『排出権商人』（角川文庫）

新たな権利である排出権をめぐるビジネスが描かれている。ラストも清々しい。

『トリプルＡ　小説　格付会社』（幻冬舎文庫）

金融商品などでよく聞く格付のことがわかる一作。ドラマとしても面白い。

＊『税金亡命』佐藤弘幸（ダイヤモンド社）

以前は東京国税局に勤め、現在は税理士をされている佐藤弘幸氏の小説。

タイトルに惹かれるが、中身もスピーディでキャラクターも面白く一気読みしてしまう。こういった専門分野の場合どうしても難しい内容になりがちなのだが、極力わかりやすく説明しており、エピソードやキャラクターで理解できるようになっている。税金に興味がない方も、専門知識をエンタメ小説にするにはどうしたらいいのか勉強になるはずだ。

職業ものの本は専門知識が多い故に工夫しないと読みにくいものになる。スムーズに読めたかどうかを気にしてほしい。例えば、はじめの一〇〇ページほどを印刷して、税務知識の部分を「難しい」「わかりやすい」などで蛍光ペンを引いてみよう。

＊『ドッグファイト』楡周平（KADOKAWA）

運送会社と巨大ネット通販会社の戦いを描く作品。

作者は十年ほど前にも、その時代の状況を元に『ラストワンマイル』（新潮文庫）という作品を発表した。今回の作品では現状の分析は当然のこと、両者の担当者を主軸に日本の今後の経済状況などへの指針を多分に含んでいる。

『プラチナタウン』（祥伝社文庫）、『ミッション建国』（産経新聞出版）などの他の近著も含め、楡氏は日本にとって大事なテーマをキャラクターの視線に落とし込むことで、内容がわかりやすい。かつ物語として爽快に描いている。

経済小説はリアリティを重視すると、勧善懲悪でなかなか爽快なものにはならない。社会はそんなものとは思うが、エンタメ小説としてはやはり爽快感も大事だ。楡氏の作品は楽しく読むことができるだろう。

＊『陸王』池井戸潤（集英社）

直木賞受賞作『下町ロケット』（小学館文庫）や「半沢直樹」シリーズ（文藝春秋・ダイヤモンド社）で知られる池井戸潤氏の作品。

・伝統企業イノベーション

・陸上業界のシューズとサポート

といった新要素に

・中小企業の悲哀

・銀行の現場店舗との関係

・強力な大企業

といった池井戸氏お馴染みの要素が絶妙に配合され、さらに、若者の就職難の時代と自分探しについても入れ込まれている。

エンタメ作品に必要な要素が詰まっているので、池井戸作品を初めて読む際はこちらを手に取ってみるといいだろう。

・物語の起伏

・その作品ならではの専門性

・人間関係

に着目しつつ読んでみてほしい。

＊「クレヨン王国」シリーズ　福永令三（講談社青い鳥文庫）

テレビアニメにもなった児童書「クレヨン王国」シリーズ。人間界のそばにあるクレヨン王国を舞台にした作品群だ。

八作まで続いた月のたまごシリーズ以降は作品世界が固定化されたが、それまでは世界観が固まっていなかった。作品世界が作られていく流れという意味でも勉強になる。

月のたまごシリーズ以外の単発作品の中でとくにおすすめなのが『クレヨン王国のパトロール隊長』『クレヨン王国黒の銀行』の二作。

『クレヨン王国のパトロール隊長』は居場所を失った少年の自分探しの物語で、日本児童文学の中でも傑作と言われている。少年がファンタジックな世界の中で自分と見つめ合い、そして歩み出していく様がすばらしい。

『クレヨン王国黒の銀行』は黒に関するものを限度額まで引き出せるカードを手にした主人公たちの知能ゲーム。愉快で軽快でハラハラドキドキが必至。しかししっかりとテーマが据えられている。全体的に環境や戦争などの重いテーマを扱うことが多いが、主人公たちの決断と成長を描いている話も少なくない。

＊異世界＆架空歴史小説志望者に薦める作品群

『烏に単は似合わない』(文藝春秋・文春文庫)は二〇一七年現在、書店店頭で絶賛展開中の人気シリーズだ。

作者の阿部智里氏はこの作品で松本清張賞を受賞してデビューした。いわゆる異世界ファンタジーに属する作品だが、その作りこみ方並びに物語の完成度が非常に高い。小野不由美氏の「十二国記」シリーズ以来の衝撃と言っても過言ではない。異世界や架空歴史小説を書きたいと思う人はぜひ読もう。

さらに高野和氏の『七姫物語』(電撃文庫)は、架空歴史物語を書きたい人には必読のライトノベル。『烏に単は似合わない』に引けを取らない物語の構築方法、群像劇の見せ方がうまい。翻訳ものだと『七王国の玉座』に始まるジョージ・R・R・マーティン氏の「氷と炎の歌」シリーズ（早川書房）も薦めておきたい。

この三シリーズは異世界物や歴史物語をメインに書かない方も読んでおいてほしい。物語のバックボーン作り、作品・キャラクターの見せ方の勉強になる。

ただ、どれも読み応えがあるので、まずはメガヒットである田中芳樹氏の『銀河英雄伝説』の一巻目から入るのもアリ。同じ著者の、少し長いが合本になっている『マヴァール年代記』も、架空歴史物語の要素がバッチリ入っていてオススメだ。

＊「十二国記」シリーズ　小野不由美（新潮文庫）

先述した「十二国記」シリーズについてもう少し詳しく触れたい。ＮＨＫでアニメ化もされた今作。現在は新潮文庫から刊行されているが、もともとはティーン向けの文庫で出版された。

その後は講談社文庫→新潮文庫と一般文庫に収録された。

基本一冊ごとで完結し、主人公が異なる。巻を増していくと他の巻の主人公とのクロスオーバーや、十二国自体の存在に言及される話も出てきた。

また、異世界に呼ばれた人物が主人公になる話が多い。この〝異世界に呼ばれる〟という設定が異世界ファンタジーにおいてとても大事になる。昨今は「異世界トリップ」ものとして流行したくらいだ。その世界について知らない主人公と読者がその点において共感し、一緒に世界について学べる良い手法である。

「十二国記」シリーズでは、異世界の仕組みを主人公の気持ちや知覚に合わせて描かれている。そうすることで読者は無理をすることなく世界の仕組みを知ることができるのだ。

異世界ものは、その設定をいかに読者に難しいと思わずに知ってもらえるかが肝になる。「十二国記」シリーズのように工夫をこらそう。

有名作品なので読了済みの方も多いと思うが、異世界ものの書き方入門という視点でもう一度読んでみてほしい。『風の海 迷宮の岸』『東の海神 西の滄海』『図南の翼』『月の影 影の海』『風の万里 黎明の空』の順で読むのをおすすめする。

＊さらにオススメ小説七選

最後に、作家志望が読んで損がないオススメの小説をさらに七作品紹介する。

・**『オレたちバブル入行組』池井戸潤（文春文庫）**

ドラマ化で話題になった半沢直樹シリーズの原作。銀行小説の面白さと、キャラクター小説の魅力のどちらもが詰まっている。

・**『ビッグブラザーを撃て！』笹本稜平（光文社文庫）**

少し古い作品だが、陰謀にサイバーにと、要素が盛り沢山。ファンタジーやＳＦなどで要素を多く入れたうえでわかりやすく書くための勉強になる。

・**『七都市物語』田中芳樹（ハヤカワ文庫ＪＡ）**

『創竜伝』や『銀河英雄伝説』で有名な田中芳樹氏の連作短編。未来世界を主人公を変えながら語っていき、その様相を描き出す手法が見事。

・**「ぼくら」シリーズ　宗田理（ポプラ社・角川文庫・角川つばさ文庫）**

『ぼくらの七日間戦争』から始まり、映画にもなった大人気シリーズ。キャラクターの魅力と友情の描き方を学べる。

・**「ロードス島戦記」シリーズ　水野良（角川スニーカー文庫）、「スレイヤーズ」シリーズ　神坂一（富士見ファンタジア文庫）**

ライトノベルを作ったと言っても過言ではない傑作。『ロードス島戦記』は『ロードス島伝説』『新ロードス島戦記』（ともに角川スニーカー文庫）を含めてすべてを。スレイヤーズは一巻目だけでいいのでぜひ読んでほしい。

『ロードス島戦記』↓『スレイヤーズ』↓『ロードス島伝説』↓『新ロードス島戦記』の順で読むと日本のラノベファンタジーがよくわかる。

・**「QED」シリーズ　高田崇史（講談社ノベルス・講談社文庫）**

薬剤師が主人公のうんちく系ミステリ。一巻目と興味があるテーマの巻を読んでみよう。

主な新人賞リスト

ライトノベル・少女文庫・キャラ文芸の新人賞をまとめた。昨今は1年の間に数回締め切りを設けている賞もあるので、計画的に応募しよう。詳しい応募要項は各HPをチェックすること。

※本リストは榎本事務所がインターネット上の情報を元にまとめたもので、すべてを網羅しているわけではない。また、締め切りの情報は2016年・2017年はじめのものとなる。各新人賞は締め切り月が毎年同じことも多いが、細かい日程は適宜確認してほしい。

▼新人賞名

ノベル大賞		締め切り：1月10日	
レーベル	集英社オレンジ文庫	出版社	集英社
規定枚数	400字詰め縦書き原稿100～400枚		
特記事項	特になし		

▼新人賞名

オーバーラップ文庫大賞		締め切り：2月末日	
レーベル	オーバーラップ文庫	出版社	オーバーラップ
規定枚数	40字×34行の書式で80～150枚		
特記事項	※四期あり（2016年5月末日、8月末日、11月末日、2017年2月末日）		

▼新人賞名

ファンタジア大賞		締め切り：2月末日	
レーベル	富士見ファンタジア文庫	出版社	KADOKAWA
規定枚数	40字×16行の書式で200～270枚		
特記事項	※二期の募集（前期：毎年8月末日、後期：毎年2月末日）		

▼新人賞名

角川ビーンズ小説大賞		締め切り：3月31日	
レーベル	角川ビーンズ文庫	出版社	KADOKAWA
規定枚数	42字×34行の書式で90～110枚		
特記事項	特になし		

▼新人賞名

ホワイトハート新人賞		締め切り：3月末日	
レーベル	講談社X文庫ホワイトハート	出版社	講談社
規定枚数	40字×40行の書式で85～100枚		
特記事項	※二期の募集（上期：3月末日、下期：9月末日）		

▼新人賞名

MF文庫Jライトノベル新人賞		締め切り：3月31日	
レーベル	MF文庫J	出版社	KADOKAWA
規定枚数	40文字×34行の書式で80～150枚		
特記事項	※四期あり（2016年6月末日（第一期予備審査）、9月末日（第二期予備審査）、12月末日（第三期予備審査）、2017年3月末日（第四期予備審査））		

▼新人賞名

電撃小説大賞		締め切り：4月10日	
レーベル	電撃文庫・メディアワークス文庫	出版社	KADOKAWA
規定枚数	長編：42文字×34行の書式で80～130枚/短編：42文字×34行の書式で15～30枚		
特記事項	特になし		

▼新人賞名

星海社FICTIONS新人賞		締め切り：4月14日	
レーベル	星海社FICTIONS	出版社	星海社
規定枚数	400字詰原稿用紙換算300枚以上		
特記事項	※当面は年3回4カ月おきの〆切を予定		

▼新人賞名

集英社ライトノベル新人賞		締め切り：4月25日	
レーベル	ダッシュエックス文庫	出版社	集英社
規定枚数	縦書き42字×34行の書式で50枚～200枚		
特記事項	※二期の募集（前期：4月25日、後期：10月25日）		

▼新人賞名

えんため大賞 ファミ通文庫部門		締め切り：4月30日	
レーベル	ファミ通文庫	出版社	KADOKAWA
規定枚数	39文字×34行の書式で85～165枚		
特記事項	特になし		

▼新人賞名

えんため大賞 ビーズログ文庫部門		締め切り：4月30日	
レーベル	ビーズログ文庫	出版社	KADOKAWA
規定枚数	40文字×書式で34行80～130枚		
特記事項	特になし		

▼新人賞名

えんため大賞 ビーズログ文庫アリス部門		締め切り：4月30日	
レーベル	ビーズログ文庫アリス	出版社	KADOKAWA
規定枚数	40文字×32行の書式で80～110枚		
特記事項	特になし		

▼新人賞名

ラノベ文庫新人賞		締め切り：4月30日	
レーベル	講談社ラノベ文庫	出版社	講談社
規定枚数	40文字×34行の書式で100～150枚		
特記事項	特になし		

▼新人賞名

富士見ラノベ文芸大賞		締め切り：4月30日	
レーベル	富士見L文庫	出版社	KADOKAWA
規定枚数	40字×16行の書式で200～300枚		
特記事項	特になし		

▼新人賞名

ジャンプ小説新人賞			締め切り：4月30日
レーベル	JUMP j BOOKS	出版社	集英社
規定枚数	40文字×32行の書式で100枚以上(400字詰め原稿用紙換算で300枚以上)〜無制限		
特記事項	※三期の募集春（＝4月末締切)、夏（＝8月末締切)、冬（＝12月末締切)		

▼新人賞名

スニーカー大賞			締め切り：5月1日
レーベル	角川スニーカー文庫	出版社	KADOKAWA
規定枚数	40字×32行の書式で100〜130枚		
特記事項	※二期の募集　春（＝5月1日締切)、秋（＝11月1日締切)		

▼新人賞名

角川文庫キャラクター小説大賞			締め切り：5月8日
レーベル	角川文庫	出版社	KADOKAWA
規定枚数	400字詰め原稿用紙180枚以上400枚以内		
特記事項	特になし		

▼新人賞名

GA文庫大賞			締め切り：5月31日
レーベル	GA文庫	出版社	SBクリエイティブ
規定枚数	42文字×34行の書式で80〜130枚		
特記事項	※二期の募集（前期：5月末日、後期：11月末日)		

▼新人賞名

ジャンプホラー小説大賞			締め切り：6月30日
レーベル	JUMP j BOOKS	出版社	集英社
規定枚数	40文字×32行の書式で118枚以内		
特記事項	特になし		

▼新人賞名

本のサナギ賞			締め切り：7月31日
レーベル	Discover Fictions	出版社	ディスカヴァー・トゥエンティワン
規定枚数	400字詰原稿用紙換算200～500枚程度		
特記事項	特になし		

▼新人賞名

一迅社文庫大賞			締め切り：8月31日
レーベル	一迅社文庫	出版社	一迅社
規定枚数	42文字×34行の書式で100～160枚		
特記事項	特になし		

▼新人賞名

アイリス少女小説大賞			締め切り：8月31日
レーベル	一迅社文庫アイリス	出版社	一迅社
規定枚数	42字×34行の書式で70～115枚		
特記事項	特になし		

▼新人賞名

小学館ライトノベル大賞 ガガガ文庫部門			締め切り：9月末日
レーベル	ガガガ文庫	出版社	小学館
規定枚数	42文字×34行の書式で70～150枚		
特記事項	特になし		

▼新人賞名

講談社ラノベチャレンジカップ			締め切り：10月31日
レーベル	講談社ラノベ文庫	出版社	講談社
規定枚数	40文字×34行の書式で100枚～無制限		
特記事項	特になし		

▼新人賞名

HJ 文庫大賞			締め切り：10月末日
レーベル	HJ 文庫	出版社	ホビージャパン
規定枚数	40 文字× 32 行のの書式で 80 枚～ 130 枚		
特記事項	特になし		

▼新人賞名

京都アニメーション大賞			締め切り：11月28日
レーベル	KA エスマ文庫	出版社	京都アニメーション
規定枚数	42 字× 34 行の書式で 15 枚～ 30 枚		
特記事項	※短編部門		

▼新人賞名

京都アニメーション大賞			締め切り：12月19日
レーベル	KA エスマ文庫	出版社	京都アニメーション
規定枚数	42 字× 34 行の書式で 70 枚～ 150 枚		
特記事項	※長編部門		

▼新人賞名

新潮 nex 大賞			締め切り：―
レーベル	新潮文庫 nex	出版社	新潮社
規定枚数	特になし		
特記事項	公募型の新人賞ではなく、編集部が作品を見つける形式		

メフィスト賞			締め切り：―
レーベル	講談社ノベルス、講談社 BOX　等	出版社	講談社
規定枚数	40 字× 40 行の書式で 85 ～ 180 枚		
特記事項	特になし		

おわりに

これまでたくさんのライトノベル執筆に関する本を出させていただいてきた。二〇〇七年にアミューズメントメディア総合学院大阪校（現大阪アミューズメントメディア専門学校）で講師のキャリアをスタートさせていただき、二〇一〇年からは東放学園映画専門学校、その後アミューズメントメディア総合学院ノベルス専科（夜間）と本科。そして、カリキュラムを監修し、弊社・榎本事務所で講義を一手に引き受けさせていただいている日本マンガ芸術学院と日本デザイナー学院仙台校。そして今は、岡山県で児童文学の作家志望の皆様に、定期的な講義をさせていただいている。

そうした中で、テキストに使用したものや、こういう知識を知ってほしいと思ったことを今まで本にしてきた。本年は同じ総合科学出版から『テンプレート式 ライトノベルのつくり方』もつい一月に出版していただいたが、これも講義や講演会から生まれたものである。

さて本書はいかがだっただろうか。本書が執筆活動の一助になったのならこれ以上の喜びはない。

本書の他にも執筆に役立つコンテンツをいくつか制作しているので、そちらも併せてご利用いただければ幸いだ。eラーニング「小説家養成講座」ではインターネットで小説の書き方を学べる。同じくインターネット上で執筆・設定の管理ができる無料ツール「LEVON β版」も公開中。一本書き上げることができたら榎本事務所にて長編講評も受け付けている。それぞれ、詳しくは弊社HP（http://enomoto-office.com/）をご覧いただきたい。さまざまな方向性から、皆さまの執筆活動を応援している。

榎本 秋

著者：榎本 秋（えのもと・あき）

作家・文芸評論家。

二松学舎大学文学部非常勤講師。

アミューズメントメディア総合学院ノベルス学科、ノベルス専科継続コース、並びに大阪アミューズメントメディア専門学校ノベルス科、キャラクターデザイン学科講師。

東放学園映画専門学校小説創作科、アニメーション映像科講師。

専門学校日本マンガ芸術学院ライトノベルコース、並びに専門学校日本デザイナー芸術学院仙台校ライトノベル科カリキュラム監修。

○主な著書
『すごいライトノベルが書ける本 ～これで万全！ 創作テクニック』（総合科学出版、西谷史氏との共著）、「テンプレート式ライトノベルのつくり方」（総合科学出版）、「ライトノベル作家になる」シリーズ（新紀元社）、『ライトノベルのための日本文学で学ぶ創作術』（秀和システム）など。創作指南本を多数執筆。

ライトノベル新人賞の獲り方

2017年 3月13日 第1版 第1刷発行

著者	榎本 秋（えのもと・あき）
企画・構成・編集	安達真名（榎本事務所）
編集協力	鳥居彩音、榎本海月、槇尾慶祐（榎本事務所）
イラスト協力	田村静香（アミューズメントメディア総合学院）
	三浦奈緒（大阪アミューズメントメディア専門学校）
企画・制作・DTP	株式会社エマ・パブリッシング
カバー・本文イラスト	はんなり甘味（はんなり・あまみ）
カバーデザイン	森 隆博
印刷	株式会社 文昇堂
製本	根本製本株式会社

発行人　西村貢一
発行所　株式会社 総合科学出版
〒101-0052　東京都千代田区神田小川町 3-2 栄光ビル
TEL　03-3291-6805（代）
URL：http://www.sogokagaku-pub.com/

Printed in Japan　ISBN978-4-88181-856-5　C2092